Découvrez l'histoire par les archives de presse

RETRONEWS

Le site de presse de la BnF

www.retronews.fr

XVIIe ANNÉE — 1re LIVRAISON — ● JANVIER 1852

PUBLICATION DES COIFFEURS RÉUNIS

LE JOURNAL DES COIFFEURS

Créé par **MARITON**, breveté

PARAISSANT UNE FOIS PAR MOIS PAR CAHIER DE HUIT PAGES

CONTENANT DEUX GRAVURES

BUREAUX D'ABONNEMENT, RUE SAINTE-ANNE, 64, A PARIS

PARIS : un an, 10 fr. ; six mois, 6 fr. — DÉPARTEMENS : un an, 11 fr. ; six mois, 6 fr. 50 c.
ÉTRANGER : un an, 12 fr. ; six mois, 7 fr.

Toute demande d'abonnement ou lettre non affranchie sera refusée

GRAVURES

MODES

Que fait la mode à propos du jour de l'an ?... Voici une question bien importante a résoudre, tellement importante que pour la conduire à bonne fin, nous allons consulter l'industrie et, par conséquent, la plupart des premiers magasins en vogue. Le jour de l'an est un véritable despote, qui force l'industrie, les arts et le bon goût à se renouveler et à faire assaut de luxe, de coquetterie et d'élégance.

Voyons un peu les préparatifs gracieux qu'ont fait les *Trois-Quartiers,* un véritable bazar de nouveautés, pour fêter la bien-venue de cet hôte tyrannique qui vient, bon gré mal gré, s'imposer à l'univers. Les *Trois-Quartiers* ont songé à la lingerie, aux beaux mouchoirs, à ces flots de valenciennes, de point d'Angleterre et de point d'Alençon, qui se coquillent en manches et en cols-chemisettes; puis ils ont fait venir tout exprès de Lyon, des soieries exceptionnelles; et ils ont demandé aux principales fabriques de cachemires français leurs plus beaux châles, imitant, pour le coloris et les dessins, la splendeur des châles orientaux; ils ont aussi songé aux étrennes modestes qui s'adressent à une classe honnête et laborieuse, et le rayon de lainages, pres-

que épuisé par la saison d'hiver, s'est paré de nouveau de délicieux tissus de laine, souples et veloutés comme de la soie. Quant aux confections, les plus charmants modèles ont été reproduits comme par enchantement, et en regardant les Talma, les Chambord, les Agnès Sorel, le manteau Bloomer, le manteau Président et la mante Mathilde, on n'aurait jamais cru que tous ces coquets vêtements avaient déjà fait les délices et la gloire du monde élégant.

Il y aura donc de belles et utiles étrennes aux *Trois-Quartiers.* L'utilité ne nuit jamais à l'agréable, surtout dans le siècle où nous vivons. Aussi la parfumerie de Camproger aura-t-elle un succès prodigieux auprès des jeunes et jolies femmes. Quoi de plus délicat à offrir qu'une cave à parfums, composée des bouquets suivants : Fleurs d'Italie, de Cithridja, de Garafaly et de Clématite ou bien un sachet parfumé de fleurs de Venise et de fleurs d'Orient ?

Ah ! les fleurs ; ah ! les parfums ; quelle est la femme qui ne les préfère pas souvent aux bijoux les plus précieux ?

Eh ! mon Dieu, oui, une jeune femme accueillera avec plus de plaisir une guirlande de fleurs montée par Guélot, qu'un diadème de perles fines. Pour porter un diadème, il

faut presque avoir la royauté de l'élégance et de la beauté, et les reines s'en vont. Et puis un diadème est lourd et sa forme ne convient pas à tous les visages et à toutes les physionomies. Les fleurs, au contraire, sont jeunes, fraîches et souriantes. Elles embellissent un doux regard et lui donnent un charme indicible qu'on ne peut définir.

Pour les nombreux bals qui se préparent, car on va danser après le jour de l'an, Guélot a créé quelques coiffures de fleurs, dont lui seul peut revendiquer la nouveauté et la grâce. Ainsi, c'est une guirlande Mathilde, gracieuse création qui siéra aux types nobles et aristocratiques. La guirlande Mathilde est ronde sur le sommet de la tête, mais elle retombe en grappes et en branches flexibles sur les épaules. Cette guirlande est jolie reproduite avec des fleurs de rododendrum, d'azalea, de roses, de clochettes et de marguerites. Puis, c'est la guirlande arménienne, composée de sequins d'or, de velours et de fleurs fantastiques, s'épanouissant sous le soleil oriental. Ce que Guélot réussit encore avec ce talent poétique qui l'a placé au rang des fleuristes-créateurs, ce sont les bouquets de jupe. Quand nous disons bouquets, c'est une fiction, car ce ne sont pas des bouquets, mais des traînes, mais des branchages, mais des lianes de verdure, soutenant une touffe de roses épanouies ou de fleurs mélangées.

Guélot a donc admirablement bien travaillé pour le jour de l'an, en créant d'avance de charmantes coiffures.

Une garniture complète de robe de bal est une étrenne adorable. Et les dentelles, surtout celles des *Fabriques françaises et belges*, ne concourront-elles pas à la magnificence du jour de l'an !... Un beau voile, de splendides volants de point d'Angleterre ou de Chantilly, de l'Alençon en bandes pour décorer une jupe de robe, et mille riens en dentelles, des cols, des manchettes, des jabots, voilà les prestiges de séduction qu'on trouve aux *Fabriques des dentelles françaises et belges.*

Indépendamment des dentelles merveilleuses de cette maison de premier ordre, on peut y choisir quelques confections élégantes.

— Des confections, dira-t-on, dans un magasin de dentelles ?...

— Sans doute.

C'est la meilleure manière de prouver combien la dentelle est souple, riche et vaporeuse sur le velours.

Il va sans dire qu'on ne trouve pas aux *Fabriques de dentelles françaises et belges*, de confections ordinaires.

La vulgarité ne pourrait pas s'allier au goût exquis de cette maison élégante.

Parmi les plus jolis modèles que nous ayons vus aux *Fabriques de dentelles françaises et belges*, nous citerons :

1° Une pelisse en velours noir, ayant une espèce de petite pièce coulissée, seulement derrière. Au bord de cette pièce flotte un haut volant de dentelle de Chantilly, qui peut se rabattre en capuchon sur la tête. Le devant de la pelisse représente comme une étole de dentelle, et les manches et le bas de ce vêtement sont étagés de dentelle noire.

2° Un pardessus en velours noir, brodé de soie torse, de jais et de perles noires ; la broderie figure une large corne d'abondance laissant retomber des gerbes de fleurs. Ce pardessus a un capuchon essentiellement coquet, brodé en miniature de petites cornes d'abondance et de gerbes de fleurs.

3° Un Talma en drap marron enrichi d'une fine soutache, serpentant en arabesques et décrivant des palmettes orientales.

Puisque nous causons confections, proclamons la vogue du Charles-Quint. Le Charles-Quint est quasi cousin-germain du crispin d'autrefois ; mais le goût, mais la coquetterie, mais l'élégance en ont fait un vêtement exceptionnel ; il tuyaute encore plus que le Talma. On pourrait presque le rejeter à l'espagnole sur l'épaule ; mais une femme de bonne compagnie ne se permettra pas une telle licence, tant soit peu cavalière. La femme qui se respecte et qui veut être respectée ne s'affiche jamais ; elle doit, comme l'humble violette, s'entourer de modestie et de mystère. Le mérite, de même que la beauté, se révèle toujours, et n'est pas perdu pour tout le monde.

La maison Noël vient de créer, pour toilette de bal, une garniture de violettes qui mérite d'être décrite. La guirlande forme un double cordon de fleurs qui doit tourner par derrière, à l'entour des torsades et par devant, au-dessus de la natte de cheveux ; puis il y a trois longs cordons de violettes qui doivent se contrarier sur trois jupes de crêpe blanc. Le corsage fait à la Pompadour, a également un cordon de violettes décrivant tous les contours de la pièce de poitrine. Les manches sont aussi garnies de violettes.

Le succès des violettes de la maison Noël ne portera aucune atteinte à la gloire du pavot oriental et à la coiffure Mignon.

Ah ! l'heureux âge que l'âge des joujoux et des bonbons !... On se réveille et l'on s'endort entre un baiser et un sourire de sa mère !... Les projets et les rêves se bornent soit à une poupée, à un polichinelle ou à un costume complet de madame H. Leclerc. Madame Leclerc habille si élégamment les petits

enfants, qu'ils peuvent vraiment bien rêver d'elle : tantôt elle les transforme en petits seigneurs du temps de Louis XI, portant bravement la blouse galonnée ; tantôt elle met aux petits garçons des feutres à la Louis XIII, ayant une longue plume flottante, ou bien elle les habille comme de véritables lions en herbe. Quant aux petites filles, elles ont des Talma, des pardessus, des robes à basques et à volants, et de la lingerie aussi riche et aussi luxueuse que celle de leurs mamans. Madame H. Leclerc en fait de grandes et dangereuses coquettes. Il faut s'en méfier. Le moyen de résister à une blondinette de cinq ans, ayant une robe de velours bleu à basques encadrées de jais, un pantalon brodé, des guêtres en casimir bleu, un pardessus de velours bleu et un chapeau en castor blanc, avec bouquets de plumes d'autruche.

Ce qui donne à madame H. Leclerc la confiance des jeunes mères de famille, ce n'est pas encore tant la coquetterie et le goût qu'elle apporte dans chaque toilette que l'intelligente sollicitude qu'elle a pour chaque enfant en particulier. En attendant que les petites filles puissent porter un corset Morin, elle soutient leur petite taille mignonne, sans cependant la comprimer ni la faire souffrir.

Le corset Morin est une des plus grandes améliorations artistiques que nous puissions signaler. D'abord il n'a pas de coutures, et tout conséquemment il ne ressemble à aucun autre corset. L'avantage de ces corsets sans coutures est immense au point de vue de l'hygiène et de l'élégance. Ils amincissent la taille et ne se déforment jamais. Puis ils ne gênent en rien les mouvements respiratoires et développent avec grâce la poitrine et les épaules.

La beauté tient souvent à la santé, et un corset habilement taillé vaut mieux qu'un médecin.

Il en est de même de l'eau d'Albion, une eau miraculeuse inventée par M. Gellé, et qui ramène les roses du printemps sur un visage pâle et fatigué. L'eau d'Albion a encore la propriété d'effacer les rides et de rendre la peau lisse et satinée. M. Gellé a aussi trouvé le moyen de produire des savons de toilette à la vapeur pour lesquels il a obtenu à Londres une médaille du jury industriel. Cette récompense était due à cet intelligent chimiste, qui fait de la science à propos de parfumerie. Grâce à ses travaux consciencieux, M. Gellé a également inventé le *Régénérateur*, qui lustre la chevelure et en arrête immédiatement la chute.

L'industrie marche réellement à pas de géant en toutes choses. Ainsi la paille n'est plus de la paille, c'est de la dentelle. Si vous saviez combien il y a d'adorables créations,

en fait de chapeaux de paille, dans la maison Schweick, et surtout si vous les aviez admirées, vous diriez comme nous : *Ce n'est pas de la paille* !

Attendons le printemps, et nous causerons de ces merveilleux chapeaux. D'ici-là, soyons discrète ; n'abusons pas de ce que la mode nous a montré bien avant le mois des lilas, et n'effeuillons pas les fleurs avant que les feuilles n'aient poussé aux arbres. Qui vivra verra.

V. DE RENNEVILLE.

DESCRIPTION DE LA PLANCHE DE COIFFURES.

Me voici enfin revenu de l'Exposition de Londres, où, ainsi que j'ai eu l'avantage de le faire connaître à nos abonnés, j'ai été admis pour l'invention de la *mécanique à implanter*, ainsi que pour la composition de la *teinturine*, laquelle colore les cheveux et la barbe en blond-cendré et beau chatain (cela forme deux compositions chimiques), et ne contient pas de mercure ni de nitrate d'argent... Dirai-je que j'ai obtenu des succès à Londres? Cela est un peu embarrassant pour moi, attendu qu'il est toujours difficile de parler de soi-même ; cependant, comme je me dois en partie à nos abonnés, je crois que je puis sans inconvénient leur rendre compte de la manière dont j'ai dépensé mes sept mois de séjour en Angleterre.

Parti de Paris le 27 avril dernier, j'arrivai tout juste à temps pour assister à l'ouverture de cette exposition mémorable dont la reine Victoria, en grand costume, suivie de ses dames d'honneur et d'un nombreux et riche cortége, faisait les honneurs. M'étant placé sur le devant de la haie qui longeait le côté droit de la grande galerie, j'ai pu voir parfaitement la coiffure de la reine, ainsi que celle de ses dames.

La reine, le front ceint d'un diadème en brillants, avait les cheveux relevés en casque *cordé*, ainsi que nous en avons publié un modèle le 1er février, c'est-à-dire deux mois avant. Deux petites coques lisses, établies de

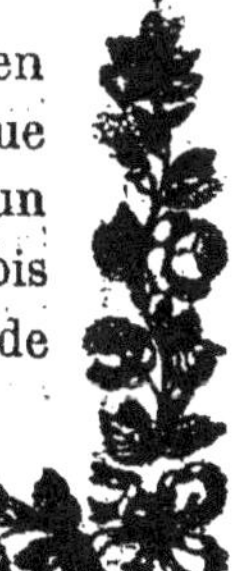

chaque côté du casque, complétaient le chou ; et de chaque côté des coques, flottait un petit panache (bouquet de plumes blanches) une riche barbe de dentelle, posée en travers sur la tête, accompagnait les joues et retombait jusque sur les épaules.

Toutes les coiffures des dames d'honneur, ou à peu près, avaient le chou assez bas et composé de petites coques et contours de rouleaux. Pour ornement, elles avaient toutes une couronne de fleurs, un panache posé sur un des côtés de la tête et des barbes de dentelle, ornement indispensable dans les coiffures de cour de ce pays.

Lorsque la *grande Exposition*, comme disent les Anglais, fut ouverte, je déballe, je m'installe, je m'étalle, c'est-à-dire que je fais mon étalage ; et enfin, au bout de quelques jours, j'ai pu commencer à faire aller ma mécanique, ce qui m'a attiré, je ne dirai pas tous les visiteurs, mais au moins la moitié. Il fallait me voir, là, englouti au milieu d'une foule de curieux, l'un me demandant (presque toujours en anglais) si cela teignait les cheveux, l'autre si cela coupait les cheveux, l'autre que sais-je ? Du reste, il ne faut pas trop leur en vouloir, parce que j'avais déployé un grand luxe d'échantillons de mèches teintes, à partir du blond le plus clair jusqu'au noir ; et puis, j'avais exposé dans une grande montre des perruques, des toupets, des tours et des bandeaux. Afin de bien utiliser mes soirées, ayant fait savoir que je coifferais pendant la saison ; alors j'ai eu à coiffer. La reine a donné un bal travesti, et j'ai eu des perruques, des Sévigné et des coiffures pour ce bal vraiment extraordinaires. D'autres bals ont eu lieu, et j'ai constamment été occupé, sans compter que la vente de la teinture était excellente, ainsi que celle des faux cheveux ; et puis, sur la fin de la saison pour ne pas laisser rouiller mon peigne, j'ai fait un cours de coiffure en quatre séances ; enfin, si j'ai été privé de m'entretenir avec les coiffeurs de France, je ne m'en occupais pas moins du corps d'état ; et d'ailleurs, si les Anglais sont quelquefois jaloux de nous, ils n'en sont pas moins nos admirateurs, car si un coiffeur de Paris ayant un peu de renom annonce une soirée de coiffure, vite ils y vont tous, et ils applaudissent à la fin à l'exécution d'une coiffure tout comme à l'Opéra on applaudit un artiste lorsqu'il a bien chanté un morceau.

La tenue des Anglais est tout à fait convenable dans un cours ; je ne leur reproche qu'une chose, c'est de rester coiffés.

Exécution de la coiffure de mariée : Les cheveux de derrière sont disposés de manière à imiter un 8. Par-devant, ils sont divisés en deux parties de chaque côté et forment deux rangs de bandeaux. Le bandeau d'en bas est fait à la manière ordinaire, mais celui de dessus forme rouleau par-dessus les perles. Après la formation des rouleaux a lieu la pose des branches de fleurs qui décorent les côtés et la tête, et ensuite celle du voile, lequel pris carrément et par le milieu est jeté en travers sur le dessus de la tête.

Coiffure ornée de plumes. Quatre anneaux de cheveux roulés sont employés à la composition de ce chou ; deux tresses en trois couronnent le devant de la tête, dans le genre grec, et un bouquet de petites plumes d'autruche orne le côté gauche de la tête.

CROIZAT.

LE CAFÉ

L a été beaucoup écrit sur le café : poètes, antiquaires, médecins, naturalistes, se sont escrimés tour à tour sur l'histoire, les propriétés, les agréments et les inconvénients de cette liqueur, qui joue aujourd'hui un rôle si important dans la gastronomie moderne.

A quelle époque peut-on faire remonter l'usage du café ? C'est ce que personne n'oserait affirmer. Les téméraires de la science archéologique vont jusqu'à prétendre que le

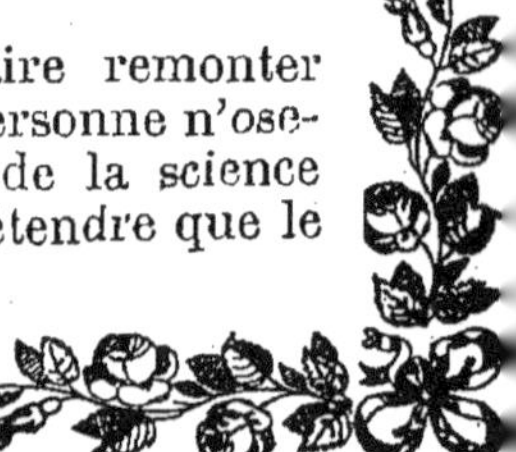
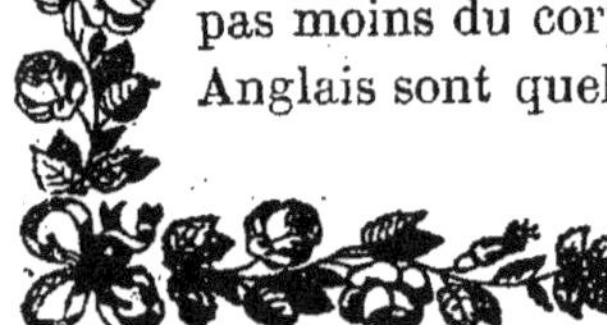

fameux *népenthès* dont parle Homère dans l'Iliade, et qu'il fait servir par la sensuelle Hélène à Thélémaque pour le réjouir, n'était autre chose que notre café lui-même. Une dame égyptienne avait fait cadeau du népenthès à Hélène comme d'un philtre exhilarant. Suivant Homère, la charmante femme de Ménélas aurait mêlé ce philtre à du vin, ce qui devait constituer une sorte de *gloria* primitif. Du reste, on sait que les Orientaux donnent la dénomination de vin ou *kawa* à toutes les boissons; en outre il est question, dans Avicenne, d'un *vinum elcahue*, qui permet de croire qu'on a préparé du café au vin. Personnellement, j'estime trop peu le mélange de café et d'eau-de-vie pour admettre que le café au vin ait jamais pu être une liqueur exquise.

D'autres savants prétendent trouver la première notion du café dans la Bible. Le *kali*, dont Abigaïl offrit cinq mesures aux guerriers qui accompagnaient le roi David, serait, suivant eux, la même chose que le *kawa*, le *cahué* ou le *café*. Ce n'est pas toutefois l'avis des rabbins, qui assurent que le *kali* était de l'orge torréfié. S'il faut en croire la tradition musulmane, le café n'était point découvert à ces époques reculées, puisqu'il fut révélé à Mahomet par l'ange Gabriel.

La première notion véritablement et certainement historique du café qu'on trouve dans les annales modernes fait remonter sa découverte au XIII° siècle de notre ère. Un derviche de l'ordre des schazilys, habitant dans les environs de Mecca, en Arabie, fut le premier, nous dit l'historien Ahmet Effendi, qui eut l'idée de goûter cette fève et d'en composer une décoction.

S'il en est ainsi, je suis tout prêt à voter une statue à ce derviche, dont l'histoire, ingrate pour les vrais bienfaiteurs de l'humanité, a négligé de conserver le nom. Je déclare que je le mets bien au-dessus de ce Guillaume-le-Conquérant que vient de *statufier* la ville de Falaise, voire de M. Leverrier en personne. Je pense comme Brillat-Savarin mon maître, que la conquête du café a été au moins aussi utile à la société et à la civilisation que la conquête de la Grande-Bretagne et que la conquête de la nouvelle planète. O hommes, quand saurez-vous donc connaître et choisir, pour les honorer dignement, les plus utiles des grands génies!

Quoi qu'il en soit, c'est au moyen des voyages et des guerres que l'usage du café arriva de l'Arabie à l'Europe, en passant par la Perse, l'Abyssinie et la Turquie. C'est, dit-on, le muphti Djemel Eddin, surnommé Dhabbani, qui de Perse rapporta le café à Aden, sa patrie, capitale d'un petit état de l'Arabie située

sur le détroit de Babel-Mandel, non loin de Moka. Dhabbani mourut en 1459, et pendant plus d'un demi-siècle encore l'usage de cette liqueur divine fut concentré dans la presqu'île arabe; je ne sais si l'on continuait à en prendre en Perse; toujours est-il que ce n'est qu'en 1517, lors de la conquête de l'Égypte par Sélim, que le café fit son entrée à Constantinople.

A la fin du XVI° siècle seulement, il fut question du café en Europe pour la première fois. C'est dans un livre du docteur Rauwolff, botaniste allemand qui avait voyagé en Asie, qu'on trouve la première note à ce sujet : elle date de 1583. Peu de temps après, en 1592, Prosper Alpini, médecin vénitien, dans son Traité *de plantis Ægypti*, publia une description de l'arbre du café, désigné en Égypte sous le nom de *bon*, de *bun* ou de *boun*.

Le célèbre garçon qui a servi successivement au café de Foy et au café de la Rotonde, et que la puissance de sa voix de basse-taille avait fait surnommer Lablache, connaissait-il cette dénomination égyptienne de l'arbre à café, lorsqu'il s'écriait en réponse au garçon qui commandait de verser : *Boun*!!! Une telle érudition peut-elle se concilier avec une voix si creuse ?

Il est question de la liqueur orientale dans un ouvrage de Bacon, imprimé en 1614, et dans un traité de Misner qui porte la date de 1621. Mais ce n'étaient encore là que des mots et il y avait plus de soixante ans que le mot était introduit en Europe, quand le café lui-même vint s'y révéler et y surpassa tout ce que la renommée avait dit de lui. Il entra en Europe par l'Italie, en 1645; sept ans plus tard, en 1652, on ouvrait des cafés à Londres; et Paris, le retardataire Paris, ne connut le café qu'en 1669. J'en trouve la première mention dans la gazette de cette année 1669, et j'y lis que, le 19 novembre, le marquis de Lyonne, ministre du roi au département des affaires étrangères, ayant donné à Surène une audience à l'envoyé turc (vraisemblablement Soliman-Aga), il y fut fait usage du *cavé*. Il n'est pas impossible qu'on en eût pris déjà dans quelques maisons particulières. Car, bien qu'on n'allât point encore de Londres à Paris en onze heures, il est peu probable qu'on ait vu des cafés ouverts en Angleterre depuis dix-sept ans, et en Italie depuis vingt-deux ans, sans être tenté d'importer en France un essai quelconque de la liqueur qui se débitait dans ces établissements.

Le café devint tout de suite un objet de mode et de haute recherche; il ne coûtait pas moins de 40 écus la livre, prix exhorbitant qui ne le rendait accessible qu'aux plus grandes fortunes. La chronique ne nous dit pas

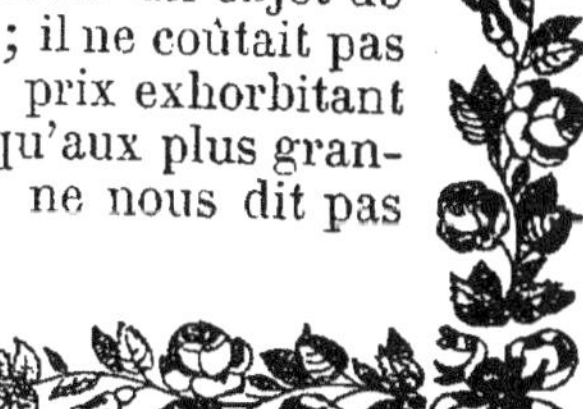

quel était le prix de la demi-tasse, lors de l'ouverture des premiers cafés ; mais, d'après l'ouverture de la graine, on peut juger que le consommateur devait payer une tasse de café sucré quelque chose comme un écu de six livres. C'est vers cette époque à peu près que madame de Sévigné, dans une de ses admirables lettres à madame de Grignan, risqua ce propos : *Racine passera comme le café.* Racine et la tragédie ont été quelquefois délaissés, mais jamais oubliés ; quant au café, il a passé dans nos mœurs, il est devenu une denrée de première nécessité.

Pendant les premières années, on ne connut que le café à l'eau ; ce fut M. Nieukhoff, ambassadeur hollandais en Chine, qui eut l'idée de mêler du lait au café comme il en mêlait au thé. Ce mélange fut trouvé excellent et adopté d'un bout à l'autre de l'univers.

Néanmoins, le café était toujours fort cher ; il semblait devoir rester un objet de luxe exclusivement réservé aux tables aristocratiques, aux grandes fortunes ; un seul pays le cultivait ; un seul pays, la péninsule arabique, était chargé d'en alimenter le monde entier. Heureusement les Hollandais, ces grands civilisateurs qui, par leur génie commercial, ont rendu tant de services à l'humanité et à la gastronomie en transportant d'Orient en Occident, et réciproquement, les denrées et par conséquent les jouissances de chaque terre et de chaque climat ; les Hollandais eurent la pensée de transporter l'arbre à café de Moka à l'île de Java ; quelques années plus tard, en 1710, ils essayèrent aussi d'en cultiver plusieurs pieds à Amsterdam ; ils donnèrent des fruits assez productifs. Ce fut même d'Amsterdam que vint, en 1713, le pied donné au Jardin des Plantes de Paris par M. Resson, lieutenant-général d'artillerie, pied qui servit à Antoine de Jussieu à faire la première description botanique du caféyer ; cette description se trouve dans les Mémoires de l'Académie des Sciences de 1713.

Il y avait sept ans que le Jardin des Plantes possédait des caféyers qui se multipliaient d'année en année, sans pouvoir toutefois faire l'objet d'une culture sérieuse, lorsqu'on imagina de tenter la naturalisation du café aux Antilles, dans des terres et sous un climat analogues à ceux de l'Arabie. M. Desclieux se chargea d'en emporter un pied. On raconte que pendant la traversée, qui fut longue, les rations d'eau potable ayant été diminuées, cet homme de bien aima mieux s'exposer aux tortures de la soif que de risquer de perdre son précieux arbuste faute d'arrosement. Bien précieux en effet était l'arbuste de M.

Desclieux, car il fut le père des milliers de caféyers qui, sous le ciel de la Martinique, de la Guadeloupe, d'Haïti et des autres Antilles, ont fructifié depuis et fourni des éléments de nouvelles jouissances aux nouvelles générations européennes qui se succèdent depuis un siècle et demi. Honneur donc à M. Desclieux !

Avez-vous vu des caféyers en fleurs ? c'est un plaisir que vous pourrez facilement vous procurer en allant visiter le Jardin des Plantes dans la saison. Vous verrez une fleur blanche, odorante, monopétale à cinq divisions, dans le genre de celle du jasmin. Quand la fleur est tombée, le fruit se développe ; c'est une baie d'abord rouge, qui devient noire en atteignant la maturité. Aux Antilles, les nègres sucent cette baie, qu'on dit un peu fade et légèrement sucrée ; par une fermentation prolongée on en obtient un alcool. C'est dans l'intérieur de cette baie que se trouvent, renfermées dans une coque dite parchemin, les deux fèves accouplées qu'on torréfie pour en faire la divine décoction digne de porter le nom de nectar moderne. La coque elle-même sert aux Arabes et aux Orientaux pour préparer le *café à la sultane.*

Peu vous importe, je pense, de connaître les propriétés médicales du café non torréfié, qui, pris en décoction, coupe, dit-on, les fièvres intermittentes, et remplace avantageusement le quinquina ; vous savez du reste que, dans les campagnes, le café torréfié est aussi employé à forte dose contre la fièvre.

L'influence du café sur les divers organes de l'homme a été l'objet des études de beaucoup de physiologistes, de médecins et de gastronomes.

Brillat-Savarin, qui s'est occupé de l'origine, de l'influence et de la préparation du café, raconte, d'après une vieille tradition, que le café fut découvert par un berger qui « s'aperçut que son berceau était dans une » agitation et une hilarité particulières toutes » les fois qu'il avait brouté les baies du ca- » fier » ou caféyer. Mais, en homme profondément juste et sensé, il rapporte l'honneur de sa découverte non au berger, mais à l'homme qui le premier eut l'idée de torréfier la graine et d'en faire une décoction.

Le maître ne s'occupe de l'influence du café qu'en ce qui concerne les organes de la pensée ; il constate purement et simplement que le café tient l'esprit et les yeux éveillés ; il attribue la prodigieuse lucidité de Voltaire et la chaleur enthousiaste de Buffon à l'usage peu modéré qu'ils faisaient du café. Il est certain cependant que le café exerce aussi une influence très bienfaisante sur l'estomac,

qu'il facilite et accélère la digestion et dissipe les fumées des boissons alcooliques. Après un dîner ordinaire, le café est une liqueur agréable ; il est indispensable après un dîner d'extra.

Il y a pourtant des médecins qui ont défendu, qui défendent encore l'usage du café, particulièrement aux hommes de lettres : tel est le docteur Hahnemann, un des pères de l'homéopathie, qui le compare aux poisons les plus violents. On sait que Voltaire, Fontenelle, Delille, Napoléon, prenaient tous les jours, et à plusieurs reprises, de ce poison, que Fontenelle appelait *poison très lent*. Les trois premiers ont dépassé les limites ordinaires de la vie. Quant à Napoléon, ce n'est certes pas le café qui l'a tué.

Je crois, quant à moi, que l'usage du café n'offre aucun danger aux organisations bien constituées, et, de plus, qu'il contribue au bien-être de chacun en donnant à l'homme qui pense un supplément de vie cérébrale et gastrique, en prêtant de l'activité et du ressort à tous les organes, à tous les sens, et principalement aux plus délicats, aux plus subtils, à ceux qui tiennent de plus près aux fonctions spirituelles de l'être humain.

Vous connaissez ces arbustes dont on multiplie les floraisons et les fructifications, dont les fleurs deviennent plus vives de coloris, plus variées de nuances, plus finement parfumées à l'odorat, les fruits plus délicatement savoureux, au moyen de certaines cultures artificielles qui accroissent la valeur de l'espèce, sans nuire à l'existence et à la force de l'individu ; tel est, je crois, l'effet que produit sur l'homme et sur la race humaine l'usage de cette suave liqueur que nous avons empruntée aux Orientaux.

JULIEN LEMER.

THÉATRES

L'OPÉRA, tout en préparant la somptueuse mise en scène du *Juif errant*, réalise des recettes avec *Vert-Vert* et mademoiselle Priora ; il remet à son répertoire courant *le Prophète*, et confie le beau rôle de Fidès à la voix puissante de madame Tedesco. Gueymard continue à faire de brillants progrès ; dimanche dernier il a obtenu, dans le rôle de Raoul des *Huguenots*, un succès colossal.

Le THÉATRE-ITALIEN varie son répertoire et élargit les domaines de Sophie Cruvelli. Cette semaine, l'éminente cantatrice s'est montrée dans *la Figlia del Reggimento*. Cet ouvrage convient peu à sa nature dramatique et passionnée ; elle y manque de cette finesse de vocalisation, de cette charmante agilité, de cette savante expérience qui ont valu à madame Sontag un si immense succès dans ce rôle à la fois comique et sentimental. La verve qu'elle met à la place de l'art n'est pas toujours du meilleur goût, et elle a dû s'apercevoir elle-même que, dans la comédie, il est

moins aisé que dans la tragédie ou dans le drame de suppléer l'art et le goût par l'inspiration. Nous admirons trop sincèrement la voix et l'organisation merveilleusement douées de Sophie Cruvelli pour ne pas lui dire qu'elle doit se tenir en garde contre les enthousiasmes et les pluies de bouquets quand même, qui tendent presque toujours à flatter les défauts et à pervertir le goût des artistes éminents.

La COMÉDIE-FRANÇAISE est en pleine exploitation de la mine d'or que lui a ouverte Jules Sandeau avec *Mademoiselle de la Seiglière* ; les représentations de cette comédie alternent avec mademoiselle Rachel, qui passe en revue tout son répertoire, en attendant la grande comédie dramatique d'Emile Augier, *Diane*, dont l'action se passe sous le règne de Louis XIII ; cette pièce a été lue aux artistes la semaine dernière ; elle a produit un très grand effet. — On a mis également à l'étude une pièce intéressante de Méry et Bernard Lopez ; on va s'occuper d'un petit acte de madame Berton et de l'*Invisible*, comédie de madame A. de Beauvoir. Ensuite viendront la grande pièce en cinq actes de Francis Wey, qui a été reçue avec tant de faveur par le comité, et la comédie de M. Félicien Mallefille. Entre temps, on s'occupe de remettre en scène le *Double Veuvage*, de Dufresny, retouché par Léon Guillard, et l'on se dispose à distribuer la *Marâtre*, de Balzac. La Comédie Française s'est assuré, on le voit d'amples provisions d'hiver.

JULIEN LEMER.

LE BON TON
Journal de Modes

Coiffures de Lacuve, Leroy et Ernest. Fleurs de Noël, 28, r. Grammont. Robes de Mad. Peytel-Redon, 4, pass.e Choiseul. Dentelles de Violard, 4, rue Choiseul. Corsets de Mad. Morin, 1, boulevart de la Madeleine. Parfumeries de la Société hygiénique, r. J. J. Rousseau, 5. Nouveautés de Gallois-Gignoux et Cie, aux trois Quartiers, boulevart de la Madeleine. N.os 21 et 23.

On s'abonne à la Société des Journaux de Modes réunis à Paris rue Ste Anne, 64.

Pour les Etats Unis à New-York Th. N. Dale and C.o 67, Liberty Street.

c'est l'or parsemé, ou brodé à profusion sur la gaze, le crêpe et le tulle. Les moires d'or et d'argent sont également à l'ordre du jour. En fait d'étoffes simples et charmantes qui attendent le printemps, il y a la popeline d'Irlande et la popeline de laine.

Des tissus, passons aux robes.

Les robes de ville sont toutes à basques, soit arrondies, soit échancrées carrément. Lorsqu'un corsage à basquines est destiné à un petit gilet, il prend l'allure d'une veste, et est séparé de la jupe. Quant, au contraire, il ne divorce pas avec la jupe, il est décoré de traverses de velours ou de ruban, et souvent de nœuds papillons posés au milieu de ces traverses. Les manches se font de plusieurs manières : le caprice seul les gouverne. Tantôt elles sont simplement arrondies; tantôt elles sont fondues sous le bras, dans toute la hauteur de la manche, avec crevés de dentelle. Ce style est tout nouveau et s'appelle style Louis XIII. Quelquefois elles sont à revers, à gantelets, souvent elles sont fendues carrément jusqu'au coude. Enfin le goût est libre. Pourvu que la grâce s'y trouve, une manche décrit les contours les plus imprévus, les plus originaux et les plus excentriques.

On revient aux tailles un peu rondes pour les toilettes de ville. Les pointes aiguës ne sont plus admissibles que pour les robes de bal. Tous les volants se posent presque à plats, surtout les volants de dentelle. Pour les toilettes de bal, on découpe la gaze, le crêpe et le taffetas à l'emporte-pièce, et ce découpé imite tous les dessins de la broderie anglaise. On emploie aussi à profusion la soutache d'or, fine comme un fil. Cette manière de broder en soutache d'or nous vient d'Orient. Ainsi, on met jusqu'à quinze ou vingt rangs de soutache d'or dans l'intervalle qui sépare des volants de gaze ou de dentelle.

Les toilettes de bal sont à l'ordre du jour, parce qu'il y a à Paris quelques bals luxueux et élégants. Nous allons donc en décrire quelques-unes, et elles donneront une idée du goût fantaisiste de la mode actuelle.

1º Une robe en moire blanche antique, ayant une jupe à queue traînante et un corsage à queue très colleté, à pointe busquée, garni de deux rangs de blonde formant la mantille. Cette mantille de blonde tombe assez bas pour voiler entièrement les manches excessivement mignonnes.

Ce qu'il y a d'excessivement original dans cette toilette, c'est une écharpe en cachemire bleu ciel, nouée avec un certain laisser-aller autour de la taille et retombant du côté droit en deux bouts encadrés avec une haute frange en argent fin.

2º Une robe de taffetas bleu ciel, garnie dans le bas de la jupe avec de grandes dents en tulle bleu ruché. Cette jupe de taffetas est recouverte jusqu'à la hauteur des dents par une tunique en point d'Angleterre, relevée de chaque côté avec des roses bleues et de la bruyère blanche.

Le corsage, très décolleté et à pointe, a une berthe de point d'Angleterre décorée d'un bouquet pareil à ceux de la jupe.

3º Une robe en gaze blanche, ayant quatre lés flottants, c'est-à-dire sans être assujétis l'un à l'autre sur un dessous de taffetas blanc. Les contours de chaque lés sont garnis d'un large chef en argent.

Le corsage est fait à la grecque, avec chef d'argent encadrant la poitrine et les épaules. Les manches sont de même style.

4º Une toilette en tulle rose, formée de quatre jupes de tulle décrivant plutôt des volants et retombant à mi-jupe sur des bouffes Louis XV en tulle rose, parsemés de distance en distance avec des roses montées sur tige d'argent. Sur la quatrième jupe est posée une riche agraffe de roses s'épanouissant en trois branchages.

Le corsage a des plis à la Cérès, c'est-à-dire une gerbe de tulle rose drapée sur le taffetas rose.

Ces quatre robes délicieuses viennent de chez mesdames Bucquet et Charpentier, deux fées en couture, qui savent allier la simpli-

cité à l'originalité, ce qui est rare et inappréciable.

Après les robes vaporeuses et légères, occupons-nous des plumes et des marabouts de Zacharie.

Les plumes et les marabouts n'ont jamais eu autant de succès que cet hiver, et cela se comprend aisément ; que mettre sur du tulle lamé or ou argent, sur des moires brochées d'or ? Le marabout retombant en pluie d'or, la plume tordue et serpentant en laissant s'épanouir mille étoiles d'argent suspendues à chaque brin de duvet, conviennent positivement aux tissus où l'or domine. Zacharie était un de nos artistes qui pouvait comprendre avec le plus de poésie et de talent tout le parti que la fantaisie pouvait tirer de l'or sur le marabout. Chaque création en ce genre est indescriptible. Il suffit de nommer Zacharie pour dire combien il y a d'art et de naturel, de grâce et de nonchalance dans la manière dont les plumes sont tournées, soufflées et disposées.

Les plumes nous amènent tout naturellement à causer des fleurs de Guélot.

Pourquoi ?...

Parce que le célèbre fleuriste a autant de réputation pour monter ses guirlandes et ses agrafes de robes que Zacharie en a pour faire épanouir ses plumes et ses marabouts.

Guélot sait donner à chaque branche, à chaque tige, à chaque feuillage, la souplesse de la nature.

Quant aux fleurs qu'il reproduit, elles sont vraies.

Rien n'est charmant comme ses guirlandes de roses, d'œillets, de marguerites et de chrysanthèmes.

Lorsque Guélot aborde la fantaisie, il la traite en reine.

Jugez-en par une guirlande composée de branches de muses en or, formant touffes, mêlées à des grappes de raisin noir légèrement doré. Cette coiffure est montée sur un chef en or, retombant par derrière en fusées enroulées, et à un feuillage de pampre d'un vert nuancé de toutes les teintes de l'automne.

Une autre fantaisie de Guélot consiste en un feuillage de velours blanc et or, des Iris en gaze blanche et velours, avec étamines d'or et des grappes de perles d'or, tournant en petits anneaux presqu'à partir du front, et retombant en guirlandes enlacées sur le cou et sur les épaules.

Une très jolie coiffure également fort en vogue consiste en des touffes de sorbier, mêlées à des touffes de lilas blanc, de fleurs de sureau, d'aubépine ou de muguet. Ce genre de guirlande est de forme ronde ; elle s'appelle guirlande... Hortense.

Le clinquant domine dans les fleurs. On jette sur les guirlandes des résilles d'or, et on entoure la tige des fleurs avec de l'or ou de l'argent.

Comme appréciation, nous préferons les fleurs telles que Dieu les fait éclore, mais la mode en a décidé autrement ; il faut donc s'y soumettre.

Maintenant parlons des dentelles.

Le luxe a, pour ainsi dire, ravivé chaque branche d'industrie, et la dentelle a reconquis toute sa splendeur et toute sa gloire.

Les dentelles sont toujours à dents arrondies ou à dents aigues. Les dessins en sont excessivement riches et surchargées.

La dentelle de Chantilly principalement s'est beaucoup perfectionnée et améliorée, grâce aux travaux consciencieux et intelligents de Violard. Notre célèbre dentelier a découvert un nouveau système de fabrication, qui le met à même d'établir le Chantilly plus riche, plus régulier et meilleur marché.

Il se porte beaucoup de petites tuniques en point d'Angleterre, tombant presque à mi-jupe sur des bouillonnés de tulle ou sur des ornements de bon goût, décorant la jupe de taffetas ou de satin.

Quand on ne met que trois volants de dentelle sur une jupe, soit en Chantilly, soit en Angleterre, soit en Bruxelles, il faut qu'ils soient assez hauts pour recouvrir entièrement

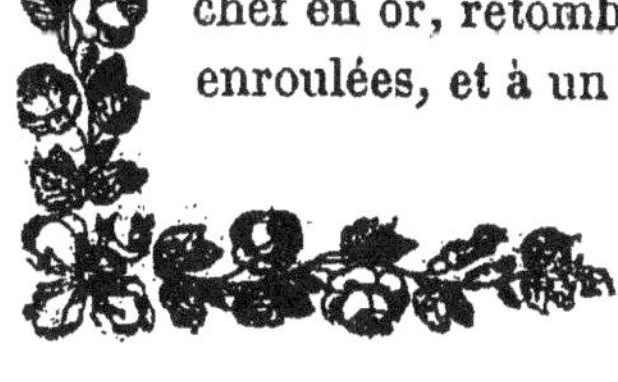

la robe. Quand les volants sont petits, ils sont souvent séparés par des soutaches d'or, des ruches de tulle ou de ruban.

Violard dispose aussi des barbes et des fanchonnettes en dentelle noire ou en dentelle blanche, sur lesquelles il suffit de poser des touffes de fleurs pour obtenir une très jolie coiffure.

Quelques mots sur les chapeaux.

Ils ne subissent aucune transformation ; mais, cependant, ceux qui se font actuellement commencent à devenir plus légers et plus vaporeux. On emploie beaucoup le velours épinglé, la gaze lisse et la blonde. Déjà on songe aux chapeaux de paille. Schweich, un de nos fabricants les plus habiles, a créé et imaginé tous les modèles du printemps. Sur de la paille, nous retrouverons le jais, les volants de rubans tissés en crin et en paille, et toutes ces fantaisies capricieuses dont la mode est si prodigue et si folle. Tous les plus coquets chapeaux de paille seront à jours, comme une dentelle de Violard. La paille florentine conservera encore toute son aristocratie. Le crin et la paille de couleur seront également en vogue. Quand les bourgeons s'épanouiront, nous donnerons sur les chapeaux de paille des renseignements plus détaillés.

En attendant, nous nous occuperons des costumes d'enfants, pour lesquels madame H. Leclerc déploie tant de goût et de grâce.

Habiller élégamment un enfant n'est pas chose facile, lorsqu'on veut surtout ne pas gêner ses mouvements. Autrefois, on emprisonnait les enfants dans des vêtements étriqués, qui les transformaient en grands-papas et en grands-mamans. Aujourd'hui, madame H. Leclerc les habille *en enfants*. Que de remerciments ne lui doit-on pas ?...

Pour les petits garçons, madame H. Lecler adopte de préférence le style anglais et écossais et le style espagnol. La petite blouse de velours, la toque à aigrette, les guêtres montant jusqu'aux genoux, les pantalons brodés retombant sur les guêtres boutonnées de

côté, tout ce qui constitue ce charmant costume sied admirablement à un beau petit garçon de cinq ans.

Quant aux petites filles, elles sont habillées comme de véritables madames. Elles ont des robes à volants, des corsages à basques, voir même des gilets et des chapeaux à plumes.

Un dernier mot sur la parfumerie.

La parfumerie a une trop grande importance dans la toilette féminine et masculine pour que nous la traitions légèrement. D'une pâte savamment manipulée, dépend souvent le charme et la beauté du visage. Tel parfum maladroit flétrit la plus fraîche figure, tel autre, au contraire, lui rend toute la grâce juvénile de l'enfance. C'est donc affaire très grave que de bien se connaître en parfums. Nous recommanderons comme parfumerie exceptionnelle l'*Eau d'Albion*, composée par Gellé ; l'Eau d'Albion pourrait à juste titre être appelée *Eau de Beauté*. Elle enlève les rides, donne un vif incarnat au visage et lui rend cette fraîcheur printanière qui fait que la jeunesse est toujours jolie. Il y a encore un fluide miraculeux nommé *Régénérateur*. Le Régénérateur est destiné aux soins de la chevelure. Il lustre les cheveux, les vivifie et en arrête instantanément la chute. Voilà de ces prodiges dont la science seule est capable. Les frères Gellé ont également trouvé le moyen de manipuler du savon à la vapenr, et ils ont obtenu pour cette découverte une médaille à l'Exposition de Londres. *Talent oblige*, et bien certainement ces célèbres parfumeurs ne s'en tiendront pas là.

Vicomtesse DE REN NEVILLE.

La parfumerie fait chaque jours des progrès immenses graces aux études consciencieuses et scientifiques de M. DUBUC-JOSSE. Cet habile chimiste-parfumeur vient de créer un nouveau vinaigre qu'il a nommé le *Vinaigre des quatre saisons* et dont les propriétés sont merveilleuses, soit en lotion, soit mêlé à un bain régénérateur, ce vinaigre donne à la peau une fraicheur suave, qui ranime et rend de l'élasticité aux muscles affaiblis et à tout l'organisme. (7, rue du Renard-St-Sauveur.)

DESCRIPTION DES COIFFURES

L'élan de la mode est donné et la coiffure, grâce au ciel, est enfin sortie de ce caractère de simplicité qui causait la ruine des coiffeurs. Les novateurs ayant battu en brèche les guirlandes et les couronnes, la sphère de l'artiste s'est agrandie et son répertoire, enrichi de cent mille fantaisies, que le goût et la coquetterie ont inspiré aux hommes depuis que le monde est monde, est offert avec succès aux lionnes qui raffolent de nouveauté, en dépit de la mauvaise humeur que témoignent les *routiniers*, les moules à guirlandes et tous les visages à tapisserie qui ne trouvent de bien que ce qu'ils ont l'habitude d'avoir.

Autrefois, lorsqu'une dame avait dans un bal une coiffure nouvelle, elle était l'objet de toutes les conversations, et tous les yeux étaient braqués sur elle comme sur un objet extraordinaire et mirobolant. Aujourd'hui que le goût de la nouveauté domine, les choses se passent tout autrement, et ce n'est que des toilettes surannées et des rococo de coiffures que l'on s'entretient avec ironie dans les salons. n'est sorte de gracieuseté qu'on ne fasse à une personne portant une *Marie-Stuart*, une *Sévigné* ou une *Livie*, tandis qu'on rit tout bas d'un simple bandeau lisse se cachant timidement sous une épaisse couronne. Ce n'est pas qu'une couronne bien montée et composée avec des fleurs fines soit sans nul attrait, non, certainement, mais que voulez-vous, ce n'est la faute de personne si toutes les têtes n'ont pas été faites dans un même moule, et si, de voir toujours, toujours la même chose, cela ne devenait horriblement ennuyeux.

Exécution des coiffures. — La coiffure ornée de ruban, vue par devant et par derrière, est une sorte de *bourrelet* romain, comme les femmes des anciens en portaient, surmonté de couronnes de fleurs aux jours des sacrifices. Son exécution est fort simple : on soude sur le devant de la tête deux trèfles en trois, et l'on en dirige une de chaque côté. Le ruban qui traverse sur le front s'enlasse avec le trèfle et va se mêler au chou de coques qui compose le chou.

La coiffure ornée de fleurs et d'épis est une imitation de la grecque, cependant le nœud de trèfles qui s'élève sur le devant de la tête rappelle la belle coiffure de l'impératrice Livie, femme d'Auguste.

Nous avons exécuté cette coiffure plusieurs fois cet hiver, et notamment pour le bal que le président a donné au château des Tuileries, et nous avons pu nous convaincre par le succès que les dames ont obtenu dans ces brillantes soirées, de l'avantage qu'il y a pour une jeune femme qui a des traits passables à porter une coiffure qui ne soit pas celle de tout le monde, autrement le *Pont-Neuf*.

CROIZAT,
Professeur de coiffures.

UN MONSIEUR

J'ai vu hier une chose tristement comique.

Une famille de cultivateurs a cru devoir *pousser* un de ses membres : un garçon a été mis *au latin*.

Dieu sait que de sacrifices *ce latin* a coûté à ces pauvres gens !

Dieu sait de combien de vêtements chauds l'hiver on s'est privé pour entretenir au collége l'orgueil futur de la dynastie !

Combien de fois on a mangé de pain sec, quand arrivaient les époques fatales des quartiers à payer! Il reste à la maison un fils et une fille.

La fille a manqué un bon mariage avec un garçon qu'elle aimait;

Ses parents n'ayant pas voulu lui donner une petite dot que demandait la famille du jeune homme, parce que tout l'argent était destiné à celui qu'on élevait pour en faire un monsieur. Le fils conduit la ferme et nourrit tout le monde; mais il a bien du mal à obtenir quelques livres pour suivre les progrès de l'agriculture.

Il a besoin de se quereller pour obtenir de ses parents le fumier nécessaire pour engraisser les terres.

Ni lui ni sa sœur n'ont d'habits propres pour le dimanche.

Le prix de leur travail opiniâtre est envoyé à la ville pour l'éducation universitaire du Monsieur.

Mais le Monsieur a écrit qu'il est bachelier.

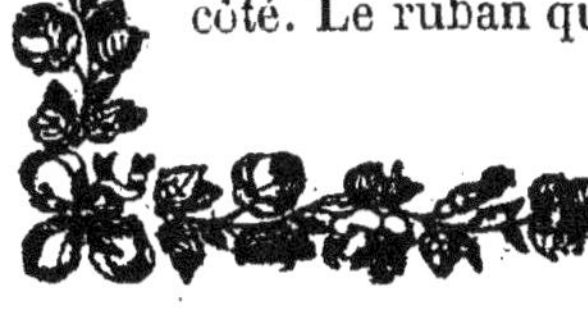

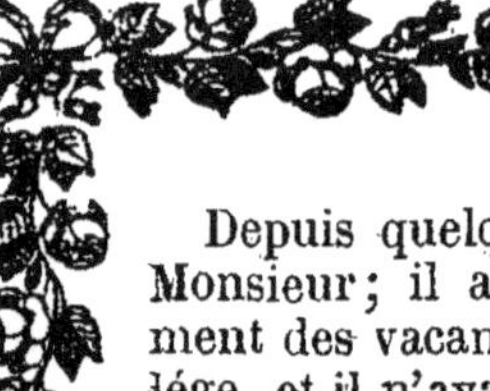
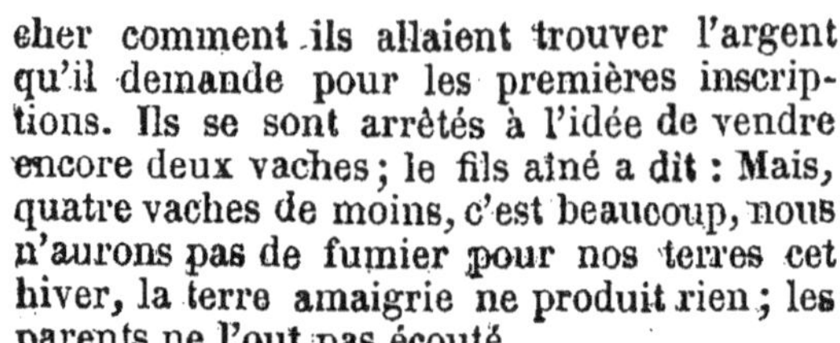

Depuis quelques jours, on attendait ledit Monsieur ; il avait été passer le commencement des vacances chez un camarade de collége, et il n'avait accordé que huit jours à sa famille.

Il avait annoncé, par une lettre, qu'il allait arriver avec ce même camarade.

Ses parents sont fort riches, disait-il ; il espérait qu'on lui ferait un bon accueil et qu'on n'aurait pas l'air trop paysans.

Depuis la réception de cette lettre, ces pauvres gens sont dans une agitation singulière : d'abord on se prive de tout pour pouvoir dépenser davantage quand le monsieur va arriver ; on a vendu deux vaches, on a renoncé à acheter un cheval dont on a besoin et pour lequel on était en marché, on a collé du papier neuf dans les deux belles chambres, le père, la mère, le fils et la fille coucheront au grenier sur de la paille ; on a emprunté des couverts d'argent, parce que M. le bachelier avait montré, aux vacances précédentes, un dégoût profond pour l'étain. On aurait bien voulu avoir un tapis, mais c'est fort cher, et cependant il s'était tellement plaint des carreaux de briques, que la mère a eu l'idée ingénieuse de coller par terre, dans les chambres destinées à son fils et au camarade dudit, du papier peint simulant le tapis.

Ces jeunes gens sont arrivés hier matin.

A la frugalité la plus sévère, bien plus, aux privations, ont succédé subitement l'abondance et la profusion.

Le bachelier n'en a pas paru touché ni reconnaissant ; il s'est occupé d'excuser auprès de son ami les manières et le langage des parents qui se sont faits ses esclaves, et qui usent leur vie à travailler pour lui ; qui composent son luxe de leurs privations perpétuelles.

Il les a pris à part et les a engagés à parler le moins possible à table ; il les a repris durement et avec ironie sur quelques mots de leur village ; il les a raillés sur leur accent ; il a accepté pour lui et son ami les meilleurs morceaux, se levant de table à l'issue des repas, sans attendre que son père et sa mère en donnassent l'exemple, comme faisaient son frère et sa sœur.

Il n'y a pas d'impertinences qu'il ne dise et ne fasse depuis son arrivée ; mais le père et la mère l'admirent ; ils font signe au frère et à la sœur de se taire, s'ils veulent répondre à quelqu'une de ses sottises, et s'ils essaient seulement de parler à leur tour.

Il leur a déjà annoncé qu'il allait falloir redoubler de sacrifices, parce qu'il allait commencer à suivre le cours de droit.

Ces pauvres gens ont passé la nuit à cher-cher comment ils allaient trouver l'argent qu'il demande pour les premières inscriptions. Ils se sont arrêtés à l'idée de vendre encore deux vaches ; le fils aîné a dit : Mais, quatre vaches de moins, c'est beaucoup, nous n'aurons pas de fumier pour nos terres cet hiver, la terre amaigrie ne produit rien ; les parents ne l'ont pas écouté.

Pour le jeune homme, il s'est vanté au fils de l'huissier de la ville, dandy villageois, qu'il avait fait croire à ses parents qu'il est bachelier, tandis qu'il a dépensé l'argent destiné à sa réception en parties de plaisir à la Chaumière, à Mabille, au château d'Asnières, etc. Comme, avant tout, il ne veut pas avoir l'air pauvre aux yeux du camarade qu'il a amené, pour expliquer l'absence de certains détails de luxe chez ses parents, il ait passer pour avares ces gens si généreux et si dévoués.

Alphonse KARR.

LES MISÈRES DES INVENTEURS

Le proverbe dit : *Qui terre a, guerre a*, a plus forte raison faut-il batailler pour imposer à tant de millions d'hommes, non égaux, après tout, l'œuvre obscure de son génie, c'est-à-dire une chose sans nom, un rêve, une création dont le succès fera, en vingt minutes, de l'homme créateur une espèce de dieu que chacun peut voir de ses yeux et toucher de ses mains.

Inventeur ! créateur ! c'est la même gloire, et cette gloire vaut certainement la peine qu'on la débatte.

« Où serait le plaisir, s'il n'y avait pas quelque peine ? » disent les coquettes de profession.

Un père de l'Eglise s'écrie, en parlant du ciel : « Il n'y a que les violents qui le ravissent ! »

Pensez donc que pour remporter tant seulement un méchant prix de flûte ou de pugilat, il faut avoir eu soif, il faut avoir sué toute la sueur de son corps. *Sudavit et alsit*, dit Horace en son *Art poétique*.

Nous avons aussi un proverbe : *On n'a rien sans peine !* Et vous, vous vous étonnez que cet homme qui cherche un monde au-delà des océans connus, cet autre qui attend une planète dans les espaces inexplorés du ciel, celui-ci qui va demander à la vapeur une force toute-puissante, celui-là qui agite au fond de son âme la guerre de Troie et les dieux de l'Olympe mêlés aux héros de la terre, et cet autre en son cachot, qui découvre du haut de la montagne éclairée, les

plaines, les fleurs, les passions, les amours, les croyances de la *Jérusalem délivrée,* et tant d'autres enfants de la muse accusée, cela vous étonne et vous trouble qu'ils aient été obligés de livrer des batailles avant de se faire couronner rois dans le sénat définitif des intelligences suprêmes!...

O la chose étrange de s'étonner de si peu ! Mais comptez donc que de soins, que de peines, que d'intrigues, que de soucis, que de pétitions, que de lâchetés et de bassesses, que d'heures perdues aux antichambres de ces puissants d'un jour, avant d'obtenir un bureau de tabac ou une croix d'honneur ! *Sudavit et alsit, abstinuit venere et vine* !

Les vrais amis, les amants sincères de gloire, s'ils étaient consultés par *oui* et par *non*, ne voudraient pas, j'en suis sûr, ôter une seule de ses épines à sa couronne impérissable.

Que votre navire battu des tempêtes vous jette à l'hôpital, ô Camoëns, c'est bien fait !

Que le pain vous manque à vos derniers jours, Michel Cervantes, j'en suis content !

Tendez, croyez-moi, vos nobles mains à ces chaînes dont le retentissement ajoute un bruit nouveau à tous les bruits que vous faites, ô Christophe Colomb; c'est justice, et, par respect pour votre Monde, je n'ôterais pas un chaînon à votre chaîne !

« Vous me rapporterez ces haillons quand je serai de retour dans mon palais de la Grande-Bretagne ! » disait un Stuart exilé; c'est un mot qui convient à tous ces persécutés illustres, fiers à bon droit des haillons qui les couvrent, parce qu'ils comprennent que ces haillons seront adorés comme de saintes reliques, tôt ou tard !

Croyez-moi, ne les plaignons pas; ils se treuveraient offensés de notre pitié et de nos larmes. C'est le lot divin, le génie et la misère ! c'est la nécessité de la gloire, les hommes qui passent éblouis par la lumière, et qui heurtent en passant la main qui tient le flambeau.

Homère errant par les chemins, c'est Homère. On a voulu prouver qu'il n'avait jamais imploré la charité de personne ; c'était gâter l'histoire de cette belle vie. Il faut absolument qu'il ait été aveugle et vagabond pour que rien ne manque à notre admiration, à notre sympathie, à nos respects !

Même quand le malheur manque à la gloire, c'est une assez belle fiction d'inventer le malheur. Pour ma part, j'aime assez l'action de ce moine inventeur de la poudre : il veut tâter de sa trouvaille le premier, il remplit un tonneau de son œuvre, il y met le feu, et il se fait sauter dans les airs.

C'est d'ailleurs une des lois de la légende : elle ne reconnait pas de gloire sans souffrance, et pas de croyance sans martyre.

Saint Augustin a défini l'orateur chrétien un homme qui règne par l'éloquence et par le martyre : *vir eloquentiâ pollens et martyrio.* Cette définition de l'orateur vaut bien la définition de Cicéron, ce me semble.

Enfin la souffrance de l'inventeur, sa souffrance nécessaire , remontez aussi loin que vous voudrez, vous la trouvere escortée des preuves divines.

Les grands législateurs des peuples, qu'ils montent au Sinaï ou qu'ils en descendent, donnent leur vie en témoignage de leur mission accomplie! Il y a des foudres, des bûchers, des supplices pour chacun et pour tous. C'est à prendre ou à laisser; c'est à prendre, croyez-moi, car le plus humble citadin de la plus petite ville, avant d'arriver à payer ses contributions directes, à contenter sa femme, à doter sa fille, à élever son fils, à arrondir sa petite fortune, à pousser ses vers à soie, à vendre son blé ou son vin, réunit en somme, sur sa tête ignorée et dénudée, une plus grande somme de misères, d'inquiétudes et d'insomnies que le plus malheureux des inventeurs.

JULES JANIN.

LE BON TON
Journal de Modes

Coiffures de Croizat, 76. rue Richelieu. Fleurs de Ed. Harand, 15. r. Choiseul. Robes de Mad. Soinard.
rue Taitbout. Dentelles de Violard, 4. r. Choiseul Nouveautés de Gallois Gignoux et Cⁱᵉ aux 3 Quartiers,
Boulevart de la Madeleine. Nᵒˢ 21 et 23. Parfumeries de la Société Hygiénique, rue J.J. Rousseau. 5.

On s'abonne à la Société des Journaux de Modes réunis à Paris rue Ste Anne, 64.

Etats Unis à New-York Th N.Dale and Cᵒ 67 Liberty Street.

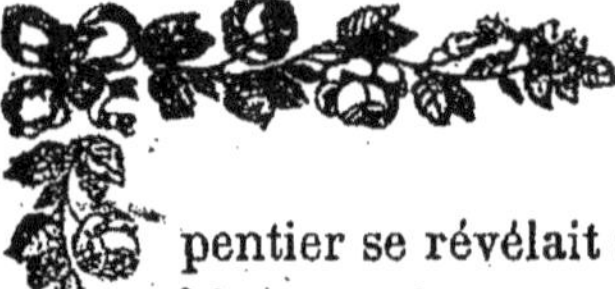

pentier se révélait dans cette toilette copiée, bien certainement, sur un des panneaux de Versailles, car elle avait une allure historique qui transformait en un véritable costume.

Dans ses cheveux poudrés savamment, madame la marquise avait des roses et des diamants, et à ses petits pieds, des souliers pointus à talons roses.

Une autre jeune femme, madame de K.., avait une toilette tellement originale qu'on ne savait trop ce qu'il fallait le plus applaudir ou de sa beauté ou de son originalité. Elle était habillée en sauvage.

— En sauvage !

— Oui, mesdames, en sauvage !... mais n'ayez pas peur, car jamais plus doux yeux noirs, plus blanches épaules, sourire plus charmant, ne donnèrent à une jolie femme autant de prestige qu'à madame de K...

Elle avait une jupe de satin blanc assez courte, recouverte d'une jupe en plumes de couleur, représentant les plus beaux oiseaux havanais, se jouant au milieu de fleurs exotiques et éblouissantes de coloris.

On disait dans les différents groupes, admirateurs de cette beauté taïtienne, que c'était madame Cartier qui avait eu l'heureuse idée de cette jupe en plumes de couleur, ainsi que de la coiffure de la charmante sauvage. Sur le corsage et sur les manches courtes resplendissaient de mignons colibris ressemblant à des bouquets de topazes, de rubis, de turquoises et d'émeraudes. Ces petits colibris étaient d'une insolence sans égale. Ils effleuraient une épaule d'albâtre, et ils se posaient sur la jupe en plumes comme sur les frêles branchages embaumés d'un jasmin de la Virginie, ou de la Louisiane.

La coiffure était un diadème en plumes mêlées à des brillants.

Le cou, les bras et les jambes de la belle madame de K*** étaient envahis de bracelets et de chaînes d'or.

Son mouchoir était un petit chef-d'œuvre de genre. Il représentait des plumes en soie de couleur avec des fils d'or et d'argent. Bien entendu que Chapron l'avait créé pour cett

circonstance, car ce sont de ces actualités qu'il faut toujours commander d'avance.

Un mouchoir admirable qui aura les honneurs du printemps, c'est le mouchoir *camélia*. Je ne devrais pas encore en parler, mais la *Dame aux camélias* est tellement à la mode, qu'il faut bien que je dise quelques mots de son mouchoir. On dirait que les fleurs sont posées en relief sur la batiste. C'est de l'art si naturel, qu'on croit sourire à un de ces camélias merveilleux dont le palais féerique du Jardin-d'Hiver est si prodigue.

A propos du Jardin-d'Hiver, je vais vous raconter un véritable conte de fées.

Le lundi gras, je suis entrée dans ce magique jardin où la mousse est toujours verte, où les lilas s'épanouissent à côté des roses et de la violette, où les arbustes les plus rares ombragent de leurs feuilles lustrées et luxuriantes des camélias comme il n'y en a que dans les contes de Perrault, et j'ai vu un bal d'enfants, mais un bal digne des noces de *Riquet à la houpe*. De tous petits pierrots, de provoquantes bergères, d'arrogants chevaliers, d'insolents mousquetaires, et des marquises... des marquises à en tomber éperdument amoureux. Ah ! c'était bien là le bonheur de l'ignorance, ce bonheur naïf et pur que n'a pas encore défleuré la première déception de l'expérience !...

Et les jeunes mères, comme elles étaient heureuses du plaisir et du triomphe de leurs enfants ! Pour croire encore à quelque chose de bon et de doux dans la vie, il faut voir un bal d'enfants au Jardin-d'Hiver. Cette gaieté vraie et enfantine rajeunit l'âme et rafraîchit pour ainsi dire la pensée. On redevient enfant pour sourire à tous ces petits anges si contents, si joyeux et qui aiment le plaisir pour le plaisir même.

Au milieu d'un quadrille de bergères Watteau et de seigneurs Louis XV, j'ai reconnu les deux charmants enfants que j'avais aperçus chez madame Marendaz essayant leurs costumes. Ils étaient habillés avec ce parfum d'aristocratie qui révèle chaque création de l'habile faiseuse. Le petit berger avait bien

la veste rose, le pantalon de satin bleu-ciel à bouclettes et follettes de ruban. Son chapeau était enroulé de fleurs. Il ressemblait à une églogue ou à une idylle de Florian. Quant au marquis, car c'était un marquis Louis XV qui dansait vis à vis de lui, il avait l'épée au côté, l'habit et le gilet brodés d'or et de perles, le pantalon court à bouffantes et le jabot et les manchettes en point d'Alençon. Il se donnait un air de la dernière importance, et il avait mille fois raison, car il était mis comme un véritable seigneur de la régence.

En voyant cette jeunesse si folâtre et si heureuse, je regrettais ce beau printemps de 'enfance, qui passe et s'effeuille si vite, et j'aurais voulu redevenir enfant, pour me mêler à tous ces groupes joyeux de petits garçons et de petites filles.

De mon temps (on dit que c'était le meilleur) nous n'étions certes pas aussi bien privilégiées, et nous n'avions pas de bals au Jardin-d'Hiver.

Nous n'étions pas non plus habillées en petites madames, et nous avions des robes ressemblant à des étuis de parapluie. Aujourd'hui, les enfants sont adorables, et on les costume si bien tout en ne gênant pas leurs mouvements, qu'ils ne ressemblent plus à des pouparts ou à des marmots emmaillotés.

Quelques maisons de premier ordre se sont exclusivement dévouées à l'enfance, voilà pourquoi les enfants restent enfants. Parmi ces maisons, où le goût est toujours naïf et élégant, je signalerai madame H. Lecler, si bien connue de toutes les mères de famille. La plupart des enfants les mieux habillés avaient été costumés par ses soins. Que de petites paysannes ont chiffonné ce jour-là leur tablier de dentelle, que de pierrots bon ton auront perdu la plume de leurs chapeaux !

En respirant tous les parfums du Jardin-d'Hiver, il me semblait que j'ouvrais un flacon de Camproger et que mille senteurs s'en exhalaient. C'étaient bien les mêmes essences réunies, les mêmes arômes, et je trouvais que Camproger avait bien de la science pour em-

prisonner et confondre toutes ces fleurettes en un seul bouquet appelé *bouquet aux mille fleurs.*

Si j'avais le talent de Perrault, de Nodier ou de Léo Lespès, je voudrais écrire un conte sur ce ravissant bal d'enfants, éclairé par les rayons du soleil, et embaumé par les fleurs les plus rares et les plus belles. Mais je ne suis qu'une chroniqueuse de chiffons et de dentelles, et il faut que je me renferme dans nos attributions. Donc, belles et aimables lectrices, je vais vous dire où en est la nouveauté.

Nous serons encore encapuchonnées cet été, car la plupart des confections printanières ont des capuchons.

Moi, j'adore les capuchons, et je trouve que, portés par une femme élégante, ils ont une grâce extrême. Les marquises du temps de Louis XV avaient des mantes à capuchon.

Votons d'un commun accord, si vous le voulez bien, mesdames, pour les mantes à capuchons.

On m'a dit aussi (mais on dit tant de choses) qu'il ne faut y croire qu'à moitié ; que, pour l'été, toutes les jupes n'auraient pas de corsages. Ce serait la veste en piqué blanc anglais, en jaconas, en mousseline, voire même en dentelle, qui remplacerait la veste de velours ou de cachemire.

En attendant les capuchons, savez-vous ce qui va avoir la vogue ? Le mantelet vénitien et le châle Bagdad.

Le mantelet vénitien est en guipure de velours sur transparent de satin, avec longs effilés, ayant pour tête deux rangs d'étoiles.

Cette guipure, qui se reproduit en velours de toutes couleurs, représente soit des arabesques, soit des losanges, soit des étoiles, soit des palmettes orientales.

Les étoiles ont un succès prodigieux dans toutes nos toilettes.

On prétend que la politique y est pour quelque chose, mais je crois tout simplement que c'est leur éclat et leur forme gentille qui les a mises en faveur.

Quant au châle Bagdad, c'est un cachemire

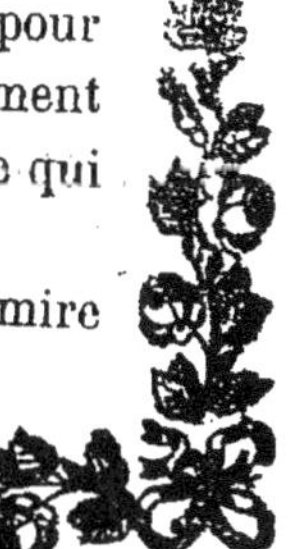

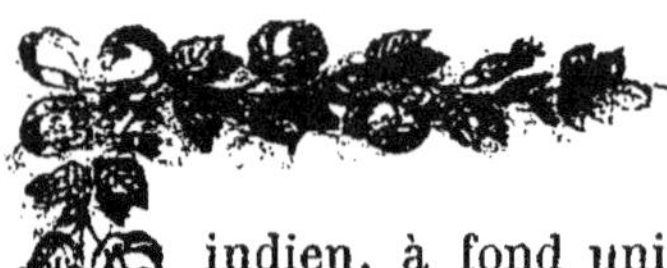

indien, à fond uni, ayant d'immenses palmettes éblouissantes, et imitant l'or à s'y méprendre. Toutes les femmes ne peuvent pas porter un châle brodé d'or, mais le châle Bagdad est aussi riche et aussi merveilleux que le châle Talma. Le châle Talma est digne d'une sultane favorite. Avis aux sultanes françaises.

La paille aura plus que jamais les honneurs de la saison. Quand je dis paille, c'est vraiment dentelle de paille que ma plume devrait écrire, car ce n'est pas de la paille vulgaire que se sert Schweich pour tisser et tresser la plupart de ses chapeaux. Que de fantaisies, que de variétés immenses et multiples ! J'ai vu un chapeau ayant des volants à dents aiguës, comme ceux d'une broderie anglaise, et chaque volant était séparé par un entre-deux de dentelle... en crin... mais une dentelle légère, vaporeuse et souple comme l'Angleterre. Ce qui m'a charmée encore, c'est le chapeau à bouclettes de paille, avec volants de blonde, toujours en crin. Ce chapeau représente une adorable capote de Mariton. Enfin ce sont des chapeaux avec broderie de jais, avec broderie de perles, avec broderie de paille. Schweich a fait de la fantaisie en artiste véritable, et toutes ses pailles ont un genre et un cachet exceptionnels.

Sur la paille, ce que je trouve de frais et de charmant, c'est un bouquet de fleurs. Ne me parlez des plumes que sur la paille de Venise et de Florence, et encore je n'aime sur la paille fantaisiste et capricieuse que les fleurs les plus simples et les plus naturelles. La maison Noel a déjà préparé toutes sortes de guirlandes, de touffes et d'agrafes printannières. Vienne le soleil, viennent les beaux jours, les branches de lilas, la rose de Bengale, l'aubépine, le chèvrefeuille, la giroflée, ne demandent qu'à leur sourire.

Un des grands mérites de la maison Noël, c'est de reproduire la fleur telle que Dieu l'a créée, avec la même grâce, la même souplesse, le même coloris. Quand on tient à la main une de ses roses, il semble qu'on vient de la cueillir. Les feuilles s'envolent bien, et la tige est aussi flexible qu'une tige naturelle.

La lingerie suivra aussi l'impulsion de la mode. Aussi nous connaissons des maisons de premier ordre qui préparent d'adorables vestes à gilets ou à faux gilets, en piqué, en nansouk ou en mousseline brodée. Les cols mêmes auront une tournure cavalière. Ils formeront le gilet boutonné ou le gilet à triples et à quadruples jabots.

Voilà comme la coquetterie s'annonce.

Mais ce qui est de luxe immuable, c'est la belle et savante porcelaine de Lahoche, qui a obtenu à Londres l'une des grandes médailles d'honneur. C'était bien le moins que le Palais de cristal fît quelque chose pour l'Escalier de cristal, car ce magique et féerique escalier est l'une des gloires de notre industrie. Que de cristaux purs et limpides, pailletés, mouchetés, étoilés d'or ! que de vases montés sur bronze doré ! que de corbeilles, que de jardinières à médaillons d'émaux de Limoges !...

L'autre jour, j'ai admiré chez madame de la P***, une femme élégante parmi les élégantes, une jardinière de Lahoche, en émail vert printanier, avec gros bouquets de roses nuancées et branches de lilas blanc et rose. Cette jardinière, formant une vaste corbeille, était montée avec des branchages et des roses en bronze doré. — C'était d'un goût digne de Lahoche. Dans cette corbeille se répétaient toutes les fleurs peintes sur l'émail, et les fleurs naturelles étaient si fraiches, si coquettement disposées, si bien perdues dans une mousse verte et frisée, que je demandai à madame de la P*** quel était son fleuriste.

— C'est Lion, me répondit-elle. Je ne vais pas à un bal sans qu'il me monte une guirlande ou un bouquet de fleurs naturelles, et c'est digne de Constantin. Je suis tellement satisfaite de son talent, que cet été aux eaux de Spa, je me faisais expédier mes coiffures et mes bouquets.

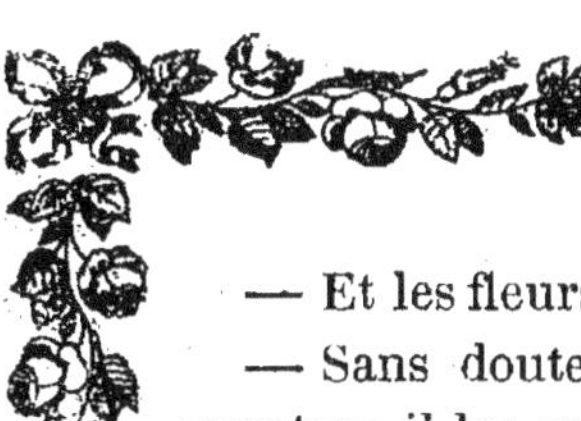

— Et les fleurs arrivaient fraîches ?...

— Sans doute. Lion a un secret pour les monter ; il les embaume pour ainsi dire, car il arrête la décomposition, en interceptant complétement l'air.

— Ah ! la science ! m'écriai-je, rien ne lui résiste aujourd'hui !... C'est si vrai, ajoutai-je, que le régénérateur de Gellé, produit des miracles pour la chevelure. — Quant à l'eau d'Albion, les parisiennes connaissent actuellement le talisman de fraîcheur des dames anglaises. Cette eau merveilleuse enlève les rides et rend au visage le coloris pur et velouté de la jeunesse. L'eau d'Albion est plus qu'un succès dans la parfumerie, c'est un véritable prodige.

Vicomtesse DE RENNEVILLE.

DESCRIPTION DES COIFFURES.

La coiffure continue à subir de grandes modifications. Le règne des bandeaux bouffants, élevés et ouverts, semble être à son déclin. Le simple rouleau lisse tombe de vétusté : tout cela est vieux, banal et menacé de ne plus se faire voir que dans certains comptoirs ou courant la rue. Heureux d'entendre les jeunes dames leur crier : Plus de cela ! du nouveau ! du nouveau ! quelques coiffeurs artistes ont créé des charmantes fantaisies qui obtiennent les plus grands succès. Enfin, la coiffure en cheveux renaît. Les jeunes dames, dont le bon goût fait autorité en mode aujourd'hui, dédaignant les exemples de leurs devancières, s'empressent de recourir aux ressources de l'art pour se parer du plus bel ornement dont la nature les ait dotées ; et si dans les plus splendides réunions on rencontre encore quelques chevelures négligées, semi-incultes, écrasées sous le poids de prétendues parures, posées sans art, sans agencement, sans harmonie ; ce n'est plus considéré que comme des types appartenant à la chronologie, comme des espèces de médailles sur lesquelles on voit empreint

les travers de goût d'une époque qui n'est plus. Depuis trop longtemps, en effet, la chevelure disparaissait sous une avalanche d'ornements, fort riches, fort brillants sans doute, mais de formes extrêmement exagérées ; elle avait perdu son rang sur la tête (la femme de chambre, hélas ! avait remplacé l'artiste) ; d'ornement principal, elle était devenue, par lassitude du beau, un simple et disgracieux accessoire. Elle reprend enfin l'expression que la nature et l'art lui ont toujours assignés : elle se développe, se déroule avec splendeur, avec grâce, sous mille formes ingénieuses. Au milieu de ses masses flexibles, onduleuses, le caprice est désormais dans son domaine. La fleur brillante, légère, ne la couvre plus ; elle la pare, l'orne, l'enlace, la caresse de ses traînes riantes et fluxueuses ; les perles, les étincelants tissus d'or et d'argent serpentent gracieusement sur ses chatoyants contours.

Ainsi donc, échappé à la monotone et désolante routine où le mauvais goût du temps l'avait enchaîné, le coiffeur n'a plus qu'à réveiller sa verve assoupie, à donner cours aux errements de son imagination, à s'ingénier à surmonter les difficultés qu'il peut rencontrer chaque jour dans l'exécution d'œuvres qui doivent toujours être aussi variées, aussi délicates, aussi élégantes qu'elles sont fragiles, éphémères et fugitives.

Pour venir en aide aux jeunes coiffeurs, auxquels le temps n'a pas encore permis de cultiver profondément l'art si difficile de la coiffure, nous leur offrons aujourd'hui trois compositions exécutées dans les conditions les moins favorables, mais que les moyens que nous allons indiquer rendent d'une exécution facile. Ainsi, ces coiffures, qui semble n'être praticables qu'avec des chevelures d'une longueur phénoménale, ont été faites avec des cheveux de soixante centimètres seulement.

Voici comment il est facile de les reproduire :

Coiffure en épis. — Après avoir peigné la

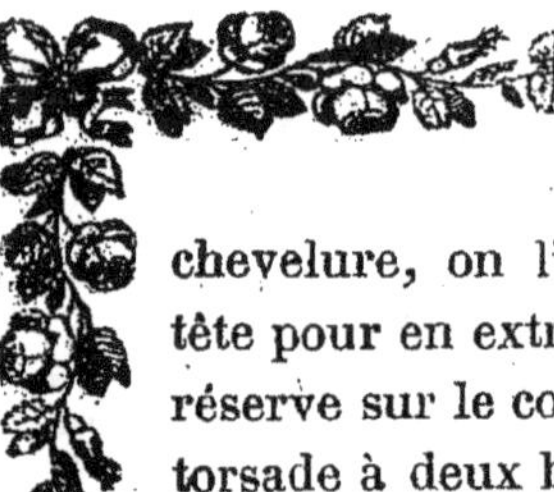
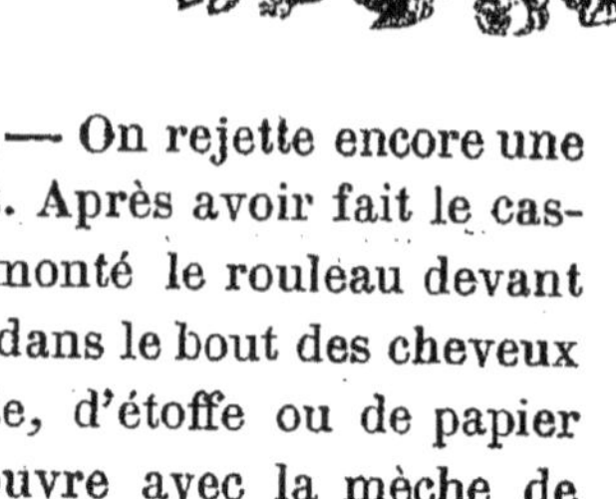

chevelure, on l'ouvre de haut en bas de la tête pour en extraire une mèche qui reste en réserve sur le cou. On fait avec la masse une torsade à deux branches qui se recourbe sur le derrière du peigne ; on en détache une très petite mèche qu'on tourne autour et qu'on arrête avec une épingle. De la mèche supérieure, on fait une coque en forme d'enroulement que l'on attache au moyen d'un petit cordon fixé précédemment sur le devant du peigne, et qu'on fait tenir avec une épingle ; la seconde mèche de la torsade se dispose de même, et ainsi de suite jusqu'au bas de la tête, où cette partie des cheveux étant devenue insuffisante, on en confond les bouts avec la mèche de réserve, divisée en deux, et l'on achève cet ensemble d'enroulements qui doit figurer comme une sorte de torsade à mèches plates sans solution de continuité. —

Le devant se compose de deux doubles bandeaux ; une petite branche d'épis se pose sur les premiers, les grandes touffes terminent.

Pour la coiffure en rubans et perles, on divise les cheveux en trois, par le même moyen qu'à la précédente ; la première partie est rejetée sur le devant, la seconde sur le cou ; de l'autre on fait le casque qui doit être garni de ouate noire, d'étoffe ou de papier roulé, pour remplacer les cheveux mis en réserve. Avant de placer le peigne, on ramène la mèche de devant sur le casque pour en faire la première torsade lisse qui doit former les anneaux impairs de cette composition. Les cheveux se rallongent comme à la première coiffure, et les anneaux de celle-ci sont arrêtés avec des épingles. Des perles passant sur de petits bandeaux plats, attachées au-dessus des tempes, et puis tournées sur des bandeaux roulés vers les oreilles, ornent le devant de cette coiffure ; un ruban rose lamé d'argent plié en deux, et un rang de perles formant une tresse en trois posée entre les bandeaux et le peigne le complètent.

Coiffure en fleurs. — On rejette encore une mèche sur le devant. Après avoir fait le casque, recourbé et remonté le rouleau devant le peigne, on glisse dans le bout des cheveux un morceau de ouate, d'étoffe ou de papier roulé que l'on recouvre avec la mèche de réserve, et l'on forme ainsi la plus simple et la plus ample des coiffures. Le devant est en bandeaux ordinaires dont les bouts tressés sont disposés en anneaux derrière les oreilles ; deux branches d'acacias et leurs feuilles retombent en avant et en arrière de ces tresses.

THÉODORE, coiffeur.

Particularités sur M. de Balzac.

Tous les feuilletonistes ont rendu hommage à la mémoire de l'illustre romancier. M. Gérard de Nerval, qui nous a déjà raconté de charmantes anecdotes sur l'éminent écrivain, nous parle aujourd'hui des idées qu'avait M. de Balzac sur l'aristocratie, et il poursuit en nous faisant connaître des détails qui auront certainement un vif intérêt pour nos lecteurs.

—

C'est à Passy, devant une petite cheminée, dont la glace donnait sur un bois d'arbres jaunis et presque effeuillés, que Balzac nous exprimait les idées que nous venons d'essayer de rendre. Le doute qu'avaient exprimé certains journaux sur son droit à s'appeler *de Balzac* lui avait été fort sensible. C'était une faiblesse de ce grand esprit, qui tenait aux Balzac par plusieurs côtés. Le Balzac du dix-septième siècle l'eût certainement reconnu pour son descendant. Les Balzac d'Entraigues, glorieux d'avoir fourni une maîtresse à la royauté, eussent été peut-être moins faciles !

Balzac avait été imprimeur et avait déposé son épée et sa particule à la porte de cette maison de la rue des Marais-Saint-Germain, où il avait le tort d'imprimer ses premiers ouvrages. Toujours depuis il faisait remarquer que l'industrie ne pouvait faire perdre la noblesse, tandis que d'après les anciens us,

deux générations de commerce faisaient passer le gentilhomme à l'état de roturier, à moins que cela ne rentrât dans le négoce maritime, qui avait des priviléges spéciaux.

Il avait inventé un procédé pour la fonte des caractères qui le ruina beaucoup plus vite que ne l'aurait fait son imprimerie. Il est donc entré dans la littérature avec deux cent mille francs de dettes, qui se représentaient continuellement aux moindres succès d'argent qu'obtenait son travail, encore peu rétribué.

L'insouciance naturelle aux écrivains l'empêchait d'arranger ses affaires selon les habitudes commerciales, et l'insistance des intéressés le forçait à s'y dérober parfois, en se créant une solitude momentanée, où il pouvait rêver en paix les chefs-d'œuvre destinés à combler son terrible déficit.

Voici la vérité !

Nous l'avons connu dans dans une époque où déjà sa position s'était éclaircie. Un soir, nous nous trouvions à un théâtre de vaudeville, recueillant les élément de l'analyse d'une pièce en deux actes. Un domestique en livrée vint nous avertir qu'on nous attendait pour souper *à Madrid.*

Le vaudeville était emprunté à un roman de Balzac. Les auteurs n'avaient nullement songé à faire participer le romancier aux produits de l'ouvrage ; il le leur abandonnait même volontiers. Mais il était bien aise de donner aux critiques qu'il estimait une petite fête en l'honneur du succès dramatique qu'il venait d'obtenir indirectement.

Un voyage à Madrid ne nous eût pas effrayé. Mais il s'agissait du Madrid du bois de Boulogne. Une calèche, précédée d'un coureur portant un flambeau, nous fit parcourir rapidement les boulevards , l'avenue de Neuilly et les allées obscures du bois.

En entrant dans la grande salle du restaurant, décorée dans le style Louis XV, nous trouvâmes une brillante réunion, composée d'invités du monde artistique et littéraire, parmi lesquelles on remarquait les actrices qui avaient joué dans la pièce.

Balzac brillait au milieu de la table, avec ce superbe habit bleu à boutons d'or massif, qu'on lui voyait dans ses jours de fortune. Sa canne, au pommeau d'or ciselé incrusté de turquoises, qui valait trois mille francs, avait été négligemment posée dans un coin de la salle ; comme il n'y avait là que des artistes, elle ne disparut pas.

La nuit fut charmante, grâce à l'esprit et aux recherches que l'amphytrion avait inventées pour faire de ce médianoche un festin de Trimalcion. Vers le matin, il nous dit en passant :

— Je viens de dépenser cinq cents francs !

— Rien que cela?

— Oui... Ah ! je ne compte pas la dépense du traiteur. Je dis seulement que j'aurais écrit pour 500 francs de *copie* avec les choses que j'ai dites cette nuit.

Et nous savons tous combien cela était vrai.

Maintenant, parlons de cette maison de Passy, dont les splendeurs intérieures avaien succédé aux merveilles visibles de sa maison de Sèvres.

L'une était exactement l'antipode de l'autre. La première avait manqué quelque temps d'escalier ; la seconde en avait trois étages.

Seulement, il fallait descendre. On se présentait à une petite porte de la rue qui côtoie les hauteurs de Passy, donnant de loin sur la plaine de Grenelle, l'île des Cygnes et le Champ-de-Mars.

Pas de maison devant soi. Un mur, une porte verte et une sonnette.

Le concierge ouvrait, et l'on se trouvait sur le palier du premier étage, en descendant du ciel.

Au second étage, on rencontrait la loge, le concierge disait : Il y a encore deux étages, en descendant. Heureusement, cette maison inverse n'avait pas d'entresol.

Au dernier étage, on se trouvait dans une cour. Deux bustes en terre cuite indiquaient au fond la demeure du romancier. Une fois la porte ouverte, une odeur délicieuse flattait l'odorat de l'homme de goût, comme cette odeur des pommes vertes dont il est question dans le livre de Salomon.

C'était un office où sur des tables soigneusement dressées on admirait toutes les variétés possibles de poires de Saint-Germain qu'il est possible de se procurer.

DÉCOUVERTE INCOMPARABLE PAR SA VERTU.

EAU TONIQUE

PARACHUTE DES CHEVEUX
PAR CHALMIN, DE ROUEN.

Cette eau arrête la chûte des cheveux, en fait croître de nouveaux en deux mois, et guérit toutes les maladies du cuir chevelu. —*Succès garantis.* Entrepôt et fabrique à Rouen, rue de l'Hôpital, 40. Dépôt à Paris, chez *Normandin*, passage Choiseul, 19 (Affr.) — PRIX DU FLACON : 3 FR.

SPECIALITE POUR LES FARDS

Blanc de Cygne | mats, inaltérables
Rose de Jouvence | et hygiéniques.

Imitant seuls le doux éclat d'une belle peau veloutée. **Fard** indien pour noircir les cheveux et la barbe. Dépôt général, chez HAFFNER rue Richer 37 à Paris. et chez les principaux Coiffeurs et Parfumeurs. Envois en Province et à l'Etranger.

ON OFFRE

à une modiste et à une couturière ayant travaillé dans de bonnes maisons de Paris un engagement avantageux pour Rio Janeiro (Brésil) S'adresser, avec des renseignements positifs, à l'administration du journal, 64, rue Sainte-Anne.

TRAITE PRATIQUE
DES MALADIES DES FEMMES

par Madame **Messager**, maîtresse sage-femme :

2 fr., à Paris, chez l'auteur, place de l'Oratoire, 4, où l'on reçoit les dames malades, enceintes et en couches, et où elles trouveront des ceintures pour conserver les formes et une eau pour remédier aux désordres de l'accouchement.

TRÈS-BONS VINS
DE BORDEAUX ET DE BOURGOGNE

à 39 c. la bouteille,—110 fr. la pièce, — 50 c. le litre
à 45 c. — 130 — 60 —
à 50 c. — 150 — 70 —

Vins supérieurs à 60 et 75 c. la bout. 175 et 205 f. la pièce

Vins fins de 1 fr. à 6 fr. la bout. 300 f. à 1200 f. la pièce

Rendus sans frais à domicile.

SOCIÉTÉ BORDELAISE ET BOURGUIGNONNE
RUE RICHER, 22

DIAMANTS

Joaillerie Perles, Pierres fines et Bijouterie. Après vingt ans d'expérience, M. PHILIPPE, joaillier, possédant une connaissance parfaite des premières sources s'offre comme intermédiaire pour la vente et l'achat, à leurs prix réels, des objets de sa partie, quelle qu'en soit la valeur. — Commission 2 0[0. —Rue du faubourg Montmartré, 15.

IL EST UN FAIT

sur lequel le monde distingué est unanimement d'accord, c'est que M. WOLFF, dentiste, rue de Bussy, 10, est arrivé à la perfection pour le redressement des dents, et qu'au besoin il peut justifier d'avoir fait une de ces opérations jugées impossibles par tous les *dentistes* de Paris.

Il est également connu pour la perfection de ses *Dents* et *Dentiers*, qui remplacent d'une manière parfaite les *Dents naturelles.*

Et par son procédé, il guérit, en une seule séance, les *Dents malades*, de manière à en éviter l'extraction.

PLUS DE CHUTE DES CHEVEUX
NOUVELLE DÉCOUVERTE
EAU VÉGÉTALE ASTREINGENTE

Pour la conservation des cheveux et en empêcher la chute instantanément. Par Mme V. de CORBEVILLE, qui vient de prendre un brevet. — Prix du flacon, 10 fr. (la manière de s'en servir accompagne chaque flacon). — A Paris, rue Royale, 24, à la Madeleine, au premier étage. Un salon spécial est disposé de 10 à 4 heures pour les personnes qui ne voudraient pas faire l'opération elles-mêmes.(où bien à domicile).(*Affranc.*)

PARFUMERIE HYGIENIQUE
VINAIGRE DES QUATRE-SAISONS

Inventé par DUBUC-JOSSE, parfumeur-chimiste, rue du Renard-Saint-Sauveur, 7, à Paris. — Cette composition, qui manquait à la toilette du monde élégant, est précieuse pour son emploi journalier, également salutaire dans toutes les saisons de l'année. C'est surtout dans la saison où nous sommes qu'il est indispensable pour préserver la peau du hale et des gerçures que l'air vif peut occasionner ; il est parfait en lotions pour cet usage, et d'un emploi délicieux pour aromatiser un bain régénérateur.

Nous recommandons encore en ce moment l'**Amygdaline saponifiée**, pâte bienfaisante qui préserve des engelures ; puis le **Fluide oriental**, etc. Il faudrait citer tous les produits de la maison DUBUC-JOSSE, qui sont si appréciés.

COBRESPONDANS

Pour toute l'Angleterre, à Londrs, M. Causse, 267, égent Street.

Pour la Belgique, Bousquet de Tourtour, à Bruxelles rue de la Madeleine, 16 bis.

Pour Lyon et le midi de la France, chez M Waeytens, place des Célestins, 5

Typographie BUREAU et Cⁱᵉ 14, rue Gaillon.

CHAUFFAGE ECONOMIQUE

Les Cheminées, Calorifère à ogives, Poêles-chauffe-assiettes en fonte ornée, et les fourneaux de cuisine de M. Descroizilles, sont actuellement boulevard des Italiens, n° 19. **Chez Madame AUDRAN, ancienne associée.**

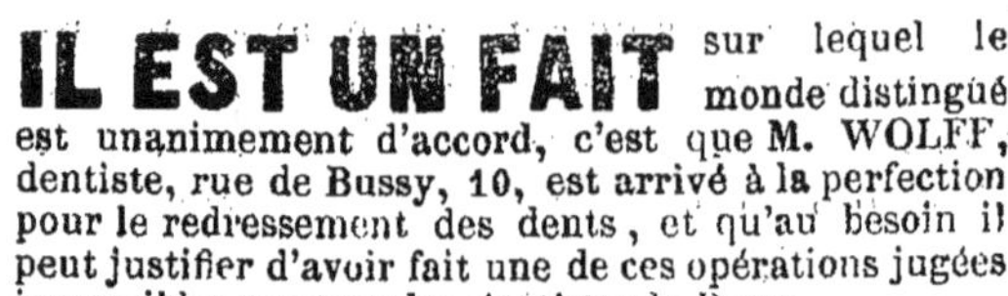

L'Élégant.
Journal des Tailleurs
On s'abonne à la Direction du Bon Ton, rue St. Anne, 64.
Modes pour Longchamps
Costumes de Laurent Richard 20, boulev.d des Italiens.
Draperies et Nouv.tés de Dubois jeune, rue St Martin, 333.
Chapeaux de Faral, rue Grammont, 30.
Parfumeries de la Société Hygiénique, rue J. J. Rousseau, 5.
à Amsterdam chez Diederichs frères Editeurs. Für ganz Deutschland bei C. H. Müller in Aachen.

Il y a aussi des carreaux écossais sur jaconas et sur taffetas, dont les carreaux sont de plus petite dimension au corsage qu'à la jupe.

Enfin ce sont des robes fantasques, capricieuses et parfois tellement originales, qu'il est impossible de les décrire.

ROBES. — La forme des corsages commence à varier. On essaie des corsages ronds et à ceinture, et des tailles un peu courtes. Il se fait quelques tentatives de réforme chez quelques bonnes couturières ennemies des corsages à basquines ; les premières maisons affirment que les basquines raccourcissent énormément la taille sans lui donner de finesse et d'élégance, et qu'il vaut mieux porter une robe quasi empire qu'une robe ayant la prétention d'avoir un corsage long sans l'être positivement.

La coupe des corsages, jusqu'à révolution complète, reste donc plate et très ouverte sur la poitrine, avec basques ou sans basques. Les manches sont tellement variées, qu'elles n'ont ni règles ni principes. Il y en a avec des crevés dans toute la hauteur de la manche, d'autres avec des revers Bassompierre, d'autres fendues de côté ou des deux côtés jusqu'au coude, d'autres arrondies, d'autres tailladées vers le poignet ; enfin la fantaisie les domine à ce point, qu'on les allonge, qu'on les raccourcit, qu'on les décore et qu'on les orne selon le goût et le caprice.

Voici quelques nouveautés en fait de robes :

D'abord, avant tout, on parle dans le monde des coquettes, du *gilet sénateur*, en moire blanche antique, fermé dans toute sa hauteur avec deux rangées de grelots d'or. Ce gilet est très élégant et très seyant quand il a une bonne coupe.

Revenons aux robes.

Une robe en gros de tours bleu de France, décorée sur tout le devant de la jupe de farfadets en ruban. Cet ornement est tout à fait inédit, et consiste en des arabesques de tout petits rubans froncés, se contournant et se

jouant les uns dans les autres. Cela simule comme une broderie en relief. Puis une robe ayant un corsage croisé sur la poitrine et fermé de côté avec une boucle à ceinture. Cette robe est en taffetas d'Athènes et à trois gros plis plats et creux partant de l'épaulette. Le dos est toujours plat et légèrement busqué. Du côté où le corsage se termine, cinq gros nœuds de ruban vert, emprisonné dans une boucle dorée, s'épanouissent sur la jupe. Puis une robe en taffetas nuance mode, ayant un corsage Watteau reproduit exactement d'après les tableaux du siècle de Louis XV. Le véritable corsage Watteau est très décolleté, mais peu échancré aux contours de l'épaulette. Vers la poitrine, il s'évase, et il redevient mince et fluet vers la ceinture busquée ; pour la ville, on le décore de trois nœuds papillons ; pour le bal, d'un bouquet de fleurs.

Puis une veste en taffetas gris feutre, bordée d'un large ruban de moire rose, découpé en dents arrondies. Les dents sont encadrées à leur tour d'un tout petit ruban de moire rose, chiffonné et plissé.

DENTELLES. — Les pointes de châle, les mantes à capuchon, les châles carrés en Chantilly, les mantelets de Chantilly, de point d'Angleterre et de Bruxelles auront une vogue très grande. Toutes les confections printanières sont décorées de dentelle, soit de Chantilly, soit de Cambray et cela se conçoit aisément. L'effilé a moins de vaporeux et de poésie autour d'un capuchon que la dentelle.

On vient d'expédier pour une corbeille de mariage, plusieurs créations en dentelle qui méritent d'être mentionnées :

1° Une mante Séraphina en point d'Angleterre, doublée de taffetas bleu ciel. Trois hauts volants de point d'Angleterre encadrent cette délicieuse mante, rehaussée d'un capuchon de dentelle, terminé par un nœud de ruban bleu, à bouts flottants.

2° Une robe de dentelle de Bruxelles ayant un semé de roses et de tulipes et cinq volants dentelés à dents aigues.

3° Un mantelet en dentelle de Chantilly, avec un fond zébré de petits rubans de moire violette, et trois hauts volants de Chantilly allant par progression. Le dernier a quarante centimètres de hauteur.

4° Un gilet de point d'Alençon, doublé de taffetas rose.

5° Un splendide châle en Chantilly ayant des dessins riches et exceptionnels.

6° Des fanchonnettes, des bardes et des marches en dentelle.

CONFECTIONS. — Les confections, comme nous l'avons déjà annoncé, sont toutes à capuchon, en conservant cependant la forme écharpe. Les mantelets à revers, les mantelets simples, c'est-à-dire sans revers ni capuchon, continueront à être portés par les jeunes personnes. Les femmes d'un certain âge porteront aussi les mantelets à capuchon, mais plus montant au cou et moins degagé que la mante-écharpe, dont la coupe est très décolletée. Les pointes à double châle, encadrées d'effilé, et décorées de ruban moiré, seront de mise très distinguée. Presque toutes les confections sont en taffetas d'Italie, de toute couleur, principalement de nuance foncée, garnies de hautes dentelles, de riches effilés, surmontés de ruban froncé, moitié satin, moitié de velours.

Les rubans de moire sont très jolis sur la dentelle.

En fait de confections nouvelles, nous citerons :

La mante Fadette, style écharpe double, en taffetas noir, garnie de trois rubans écossais étagés l'un sur l'autre, et terminés par un effilé noir, ayant une tête nuancée de toutes les couleurs du ruban. A cette mante, on met à volonté un capuchon de dentelle.

Puis un pardessus Maintenon en taffetas violet, formant en même temps l'écharpe et le pardessus. Au pardessus, il y a trois hauts volants de dentelle de Chantilly; à l'écharpe, un seul, ce qui représente un ensemble de quatre riches volants superposés. L'écharpe

est brodée de petits bouquets en point de Venise. Les pans sont à l'antique, style Louis XIV. Vient ensuite la mante perle du Brésil, en taffetas vert, avec une magnifique broderie moitié plumetis, moitié ruban plissé. Cette mante est ornée d'un volant de dentelle de Chantilly, surmontée d'une ruche de dentelle. Le capuchon décrivant un peu la pointe est encadré d'une dentelle avec ruche, et décoré d'un nœud de velours vert.

Nous parlerons aussi de la mante Hortense et du mantelet Pompadour. La mante Hortense est en taffetas bleu Napoléon, et a deux volants de Chantilly s'arrêtant à la saignée et se terminant par devant en un seul volant. Au-dessus de cette dentelle s'épanouissent des boucles en ruban moitié satin, moitié velours. Le capuchon froncé à la bonne femme est décoré de la même manière que la mante, et a un nœud de velours bleu.

Quant au mantelet Pompadour, il représente une écharpe double, et il est destiné aux toilettes d'équipage.

Il se fait en taffetas rose, avec nœuds de velours épinglé rose, posés de distance en distance. Ces nœuds sont plutôt une broderie fantaisiste; un petit ruban blanc plissé en décrit les contours. Un bel effilé blanc et bleu encadre les deux rabats de l'écharpe. La tête de l'effilé représente une véritable guipure nuancée bleu et blanc.

MOUCHOIRS. — Les mouchoirs sont actuellement d'une telle importance dans la toilette féminine, qu'une merveilleuse doit posséder une collection de mouchoirs en rapport avec les caprices de ses toilettes; chaque mouchoir a donc son attribution. Il y en a pour la nuit en batiste unie, encadrée d'un simple feston mat ou plus souvent d'un ourlet à jour; pour le matin, avec broderie de couleur; pour le boudoir, avec petits volants sans prétention; pour la promenade, et alors la variété des mouchoirs devient immense. Comme mouchoir de promenade, rien n'est distingué comme le mouchoir fleur des pois, ou comme le mouchoir fleurette. Le mouchoir fleur des pois est reproduit avec un haut volant dé-

coré de baguettes de gros pois en relief et de petits plis piqués ; pois et plis alternent avec une grâce exquise. Le mouchoir fleurette représente de petits bouquets miniatures jetés avec un goût charmant au milieu de tout petits carrés en batiste. Chaque carré est marqué avec des plis à jour ; on dirait d'un damier de fleurs.

Pour le concert et pour le bal, ce sont des mouchoirs à broderie riche, encadrés de dentelle. Plus souvent même, ce sont des mouchoirs complétement en dentelle. Voilà toutes les merveilles du mouchoir actuel.

CHAPEAUX. — Les chapeaux sont toujours de forme assez évasée, à calotte carrée plutôt que ronde. Ceux en paille sont pour la plupart de véritables fantaisies extrèmement à jour. La paille est mélangée de gris, de noir et de dentelle de crin ayant toute la transparence et tout le vaporeux de la dentelle.

Les pailles variées plaisent énormément. Non-seulement elles suivent toutes les inspirations du caprice, mais encore elles sont jeunes, coquettes et seyantes. Un des modèles les plus ravissants est le chapeau fanchonnette, représentant sur la calotte une fanchon en véritable dentelle... de paille, avec volant tuyauté. Au bord de la passe, deux volants de dentelle de paille papillonnent. Il va sans dire que la doublure du chapeau ne doit prendre qu'à partir des volants.

Un autre joli modèle est encore un chapeau en guipure de crin noir brodée d'arabesques en paille. La calotte représente une étoile de paille à laquelle viennent aboutir toutes les arabesques.

Nous avons vu ce chapeau décoré de la sorte. Il était charmant. L'ornement consistait en six coques de ruban vert posées du côté gauche et en quatre touffes de violettes des bois enfouies dans les coques, tandis que du côté droit il y avait une rosette de ruban vert et de violettes. Le chapeau était entièrement doublé de taffetas vert. La bavolet en

taffetas était brodé de paille et surmonté de bouffantes en ruban venant rejoindre les coques de ruban. Dans la passe, des touffes de violettes et des herbes vertes.

FLEURS. — Les fleurs aussi s'harmonisent parfaitement bien avec les chapeaux à jour, tant elles sont souples et flexibles. On dirait de branches de fleurs naturelles qu'on vient de cuelllir.

Comme montures printanières, il y a des *ombelles* de bruyère du cap et de bruyère des Antilles, avec feuillage d'accacia et petite herbe amourette.

Des branches en feuillage de crêpe.

Des branches de roses paille, avec épis et feuillage de crêpe paille.

Des touffes de gros boutons d'or en paille.

Des traînées de verdure et de feuillage pouvant rivaliser avec la nature.

Des bouquets de rose nuancée avec bluets et pâquerettes.

Des bouquets Florian en roses thé, bluets et fleur de pissenlit ressemblant à un petit marabout.

Et des branches de cerisier, de pommier, d'amandier, et de l'aubépine, et de la giroflée, et du lilas.

PARFUMERIE. — Les parfums choisis sont toujours très recherchés, en raison de leur efficacité sanitaire. La lotion contre le hâle et les gerçures est extraite du suc végétal des plantes, et elle opère de véritables miracles. Elle prévient également les rides et efface celles que le chagrin ou la maladie auraient pu tracer sur un joli visage. Nous recommandons aux yeux bruns *le Noir d'Egypte*, recette arménienne, et aux cheveux blonds la poudre d'or, comme ayant des vertus irrécusables.

VICOMTESSE DE RENNEVILLE.

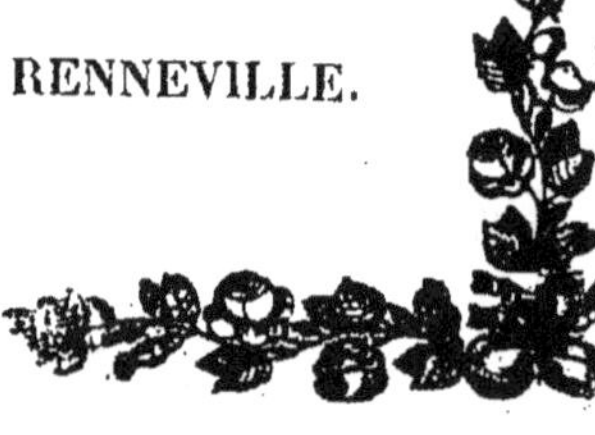

DESCRIPTION DES COIFFURES

L'art de la coiffure suit l'élan qui lui a été donné dans ces derniers temps par nos premiers artistes. Les coiffures que nous offrons cette fois à nos abonnés sont une nouvelle preuve des efforts qui sont faits pour régénérer l'art du coiffeur, tout en conservant cette simplicité de lignes qui accompagne presque toujours les créations distinguées.

EXÉCUTION DES COIFFURES

Coiffure de mariée. — Cette coiffure est formée par devant de larges bandeaux plats descendant jusqu'aux sourcils, et disposés en trois boucles-rouleaux qui sont ornées d'une nouvelle parure composée de fleurs de myrthe et d'oranger, et de cinq grosses roses avec branches flottantes posées en travers et cachant le peigne.

Le voile est posé dessous la coiffure de manière à s'avancer en pointe sur le front.

Deuxième coiffure. Dame assise, vue de dos. Les cheveux sont attachés par la moitié à gauche, et l'autre partie est relevée en casque par dessus le cordon, en se croisant au-dessous du peigne; une demi-auréole de coques est exécutée à gauche, en descendant presque sur le cou. La partie de droite forme une rosace en descendant de la même manière; la pointe des cheveux est perdue sous la dernière coque; le devant de cette coiffure est celui de la femme assise, ornement de perles avec pendants de rubans dentelés.

Troisième coiffure. — Cette coiffure, vue de profil, se compose d'une natte à la Circassienne, disposée en rond et entremêlée d'étoffe; la tresse qui passe sur le sommet de la tête est tressée de la même manière; cette jeune et jolie composition est ornée de chaque côté d'une touffe de fleurs et de petits marabouts.

FERDINAND HAMELIN.

Professeur de Coiffure.

PARIS

Le Petit-Pont. — Le Petit et le Grand-Châtelet. — La belle Lavandière

On vient de commencer la démolition du Petit-Pont, voisin de l'Hôtel-Dieu, dont les piliers menaçaient ruine, et qui sera reconstruit d'après un nouveau système. Afin de faciliter, pendant la durée de ses travaux, la circulation des piétons d'une rive à l'autre, les ouvriers jettent en ce moment, sur la Seine, une passerelle qui, de l'extrémité du Marché-Neuf, aboutira au quai Saint-Michel, vis-à-vis le numéro 9.

L'origine du Petit-Pont remonte à celle de la capitale elle-même, dont il fermait une des deux entrées, alors que Paris était tout entier enfermé dans l'île de la Cité. Au XIVe siècle, il s'appelait déjà le Vieil-Petit-Pont. Il fut détruit plusieurs fois et reconstruit tantôt en bois, tantôt en pierres. En 1175, l'évêque Maurice le fit solidement rétablir, ce qui n'empêcha pas une crue subite du fleuve de l'emporter en 1196. Rebâti de nouveau, il fut encore renversé en 1206. Dans les années 1280, 1296, 1325, 1376 et 1393, il éprouva le même sort. En 1394, il était pour la dixième fois en ruines. Ce fut au milieu de ses décombres que, par une nuit sombre, se passa un drame affreux. Sept juifs avaient entraîné là l'un de leurs co-réligionnaires, Denis de Machault, qui venait de se convertir à la foi chrétienne.

Ils l'étendirent sur une pierre après l'avoir dépouillé de ses vêtements, et le firent périr lentement à coups de canif. Ce jour-là, Juvénal des Ursins travaillait à sa Chronique dans le splendide autel qui lui avait été donné par la ville. Il entrevit cette scène de sabbat à travers l'une de ces fenêtres couronnées de hautes mitres de pierres percées à jour qui s'ouvraient alors dans le toit même des palais. D'après les indications qu'il fournit, les sept meurtriers furent condamnés à recevoir publiquement le fouet, pendant quatre dimanche consécutifs, dans tous les car

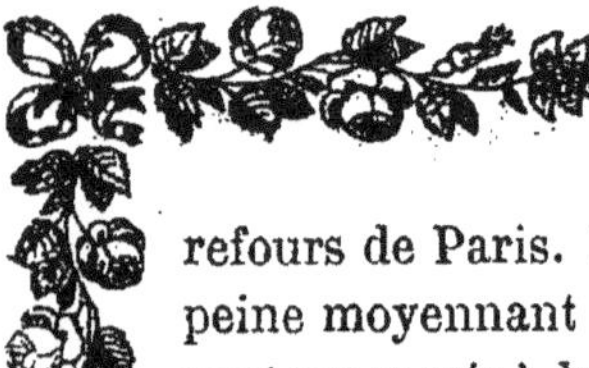

refours de Paris. Ils rachetèrent moitié de la peine moyennant 18,000 livres en or qui furent consacrés à la construction du pont dont les ruines avaient été souillées par leur forfait.

Le 27 juin 1404, Charles VI posa la première pierre et les travaux furent achevés en 1409 ; mais un an après, le pont à peine terminé s'écroulait, et on était obligé de le refaire en bois. En 1603, on avait commencé à y élever des maisons dont la plupart étaient habitées, quand une nuit, le feu prit, par combustion spontanée, à deux grands bateaux de foin amarrés au pont de la Tournelle. Les câbles qui les retenaient ayant été rompus par la flamme, ils descendirent le cours de la Seine jusqu'au Petit-Pont et s'arrêtèrent sous une arche, à laquelle ils communiquèrent l'incendie. Bientôt les maisons s'embrasèrent. Arrachés de leur sommeil, les hommes, les femmes, les enfants, demi-nus, n'avaient d'autre ressource, pour éviter d'être brûlés, que de se précipiter dans le fleuve. Un grand nombre y trouvèrent la mort. C'est à la suite de ce terrible événement que le Petit-Pont fut rebâti en pierre tel qu'on le voit encore aujourd'hui.

Plusieurs historiens ont confondu dans leurs descriptions ce pont avec celui de Charles-le-Chauve, qui en était voisin, et qui a, dans l'origine, porté le même nom. Ce dernier était situé entre les rues Pavée et Git-le-Cœur ; il venait aboutir en face de la Sainte-Chapelle. Charles-le-Chauve l'avait établi l'an 861 pour arrêter l'invasion des Normands. Il était formé de pièces de bois assises sur des piles en maçonnerie, et ses extrémités étaient défendues par deux grosses tours ou châteaux de bois. On ignore l'époque de sa destruction. Dans quelques chroniques, on le trouve désigné sous les noms de Vieux-Grand-Pont et de Pont-aux-Colombes, ou aux *Coulons* (ramiers), parce qu'on y vendait des pigeons.

A l'un des bouts du Petit-Pont, du côté du midi, se dressait la gerbe de grosses tours du

petit Châtelet, derrière lequel passait la première enceinte de Paris, et qui devint, en 1402, par ordonnance du roi Charles V, l'hôtel du grand prévôt. Sous Charles VII, le prévôt abandonna cette forteresse, dont on fit une prison, succursale du grand Châtelet, qui s'élevait au bout du Pont-au-Change, au lieu où est aujourd'hui la place du Châtelet. Là était le siége de la justice du Châtelet, instituée en 1060, et qui comprenait la ville, prévôté et vicomté de Paris. Elle se composait de plusieurs tribunaux, dont l'un était chargé de la police et les autres des affaires civiles et criminelles. Le prévôt de Paris avait les attributions de grand-juge ; il rendait ses arrets au nom du roi, et toute la juridiction était soumise à ses décisions. Il était installé d'une manière solennelle par un président à mortier et quatre conseillers de la grand'-chambre du parlement.

Comme conservateur des priviléges de l'Université, il prêtait serment entre les mains du recteur ; mais au commencement du 17e siècle, cet hommage fut refusé et tomba en désuétude. Le prévôt nommait ses lieutenants, ses conseillers et son greffier. Pour cette dernière fonction, il choisissait ordinairement son domestique, quand celui-ci savait un peu lire et écrire. En 1551, Henri II fit cesser cet abus en établissant au Châtelet un présidial composé de vingt-quatre conseillers. L'année 1674, Louis XIV institua un second présidial qui, en 1684, fut réuni à l'ancien. Jusqu'à la révolution de 89, le personnel de la magistrature du Châtelet fut ainsi composé : un lieutenant-général civil, un lieutenant-général de police, un lieutenant criminel, deux lieutenants particuliers, cinquante-quatre conseillers, dont un d'épée, quatre avocats du roi, un procureur du roi, huit substituts, un greffier en chef, un premier huissier audiencier, plusieurs autres huissiers audienciers, un juge auditeur pour juger les affaires de 50 livres et au-dessous, un greffier en chef des auditeurs, quarante-huit commissaires, cent treize notaires, deux cent vingts huissiers à cheval, deux cent quarante huissiers à verge, et cent vingt huissiers audienciers. Le lieutenant criminel de la robe courte et le prévôt général de l'Ile-de-France étaient aussi officiers du Châtelet, ainsi que le chevalier du guet. Le parlement de Paris tenait séance au Châtelet quatre fois par an, le mardi de la semaine sainte, le vendredi avant la Pentecôte, la veille de Saint-Simon et Saint-Jules, et l'avant-veille de Noël. Le Châtelet avait rang après les cours supérieures. La forteresse du Petit-Châtelet fut détruite en 1792 ; celle du Grand-Châtelet subsista jusqu'en 1802.

C'est auprès du Petit-Pont que fut établi sur la Seine le premier bateau à l'usage des lavandières. Le propriétaire de ce bateau avait pour fils un nommé Nicolas, jeune homme de haute taille, aux formes athlétiques, au visage mâle, à la chevelure courte et frisée. Outre le profit qu'il retirait de son entreprise, il recueillait encore un gain considérable du produit de la pêche de Nicolas. Les poissons, et principalement ceux qui sont vulgairement connus sous le nom de barbillons, ont de tout temps abondé en cet endroit de la rivière où se trouvent des excavations qui leur servent de retraite. De nos jours, c'est encore là qu'on va les chercher, et l'été dernier on en a vu qui pesaient jusqu'à huit kilogrammes.

Un matin avant le jour, Nicolas se disposait à jeter ses filets, quand, du haut du Petit-Pont un paquet tomba près de lui en faisant rejaillir l'eau. Il le repêcha, et, dans des langes d'une extrême finesse, il trouva une petite fille si jolie qu'il prit aussitôt la résolution de l'élever. Elle fut baptisée à Saint-Pierre-aux-Bœufs, au milieu des fleurs dont l'église était remplie, car on était alors à la mi-avril, et en raison de cette circonstance elle reçut les noms de Lucette Chantelilas. A l'âge de seize ans, elle était d'une beauté si extraordinaire, qu'on ne l'appelait que la belle Lavandière, et que tous les muguets de la cour venaient rôder autour d'elle.

Mais le pêcheur, qui veillait sur celle dont il comptait faire son épouse, administrait aux galants de telles corrections, que lorsqu'un seigneur paraissait avec un bras en écharpe ou un bandeau sur l'œil, on l'abordait en disant : Voilà ce que c'est que d'aller voir la fille à Nicolas.

Un jour, une des lavandières, qui avait laissé échapper une pièce de linge, se pencha pour la retenir et tomba dans la rivière. En ce moment, il n'y avait aucun homme sur le bateau. Lucette, qui nageait comme un poisson, s'élança et rejoignit bientôt la malheureuse femme, mais celle-ci étreignit sa libératrice de manière à lui faire perdre la liberté de ses mouvements et l'entraîna dans l'abîme où toutes deux trouvèrent la mort. Nicolas, de retour au bateau, aperçut le cadavre de Lucette. Il devint fou de désespoir. La nuit, il montait sur le Petit-Pont, et, de cette voix basse et prolongée particulière aux mariniers, il appelait Lucette Chantelilas. Puis il se jetait à l'eau, plongeait à plusieurs reprises et regagnait le bord, où il demeurait plusieurs heures évanoui.

Cette tradition s'est perpétuée jusqu'à nos jours. Le bateau de blanchisseuses qui se trouve auprès du Petit-Pont est encore appelé le bateau à Nicolas, et l'on donne le même nom à son propriétaire, quoiqu'il en porte un tout différent

J. LADIMIR.

THÉÂTRES

L'activité de l'Opéra-Comique est aussi féconde que laborieuse. L'année n'a pas trois mois, et voilà déjà trois ouvrages nouveaux représentés, en outre, si l'on en croit les bruits de coulisses, avril nous donnera *la Statue*, deux actes de MM. Michel Carré et Barbier, musique de M. Victor Massé, et mai verra s'épanouir *le Baiser de la Vierge*, de MM. Lockroy et Aimé Maillart Mais laissons de côté ces espérances, et parlons des deux souvenirs qui ont pris place au répertoire en huit jours. Le premier s'appelle le *Farfadet ;* il est en un acte, et a pour auteurs MM. de

Planard et Ad. Adam. Vous connaissez tous cette histoire. Laurette aimait Marcelin, mais Marcelin étant mort, elle s'est résignée à épouser Bastien, lequel, pour faire ce bon et riche mariage, a abandonné Babet. Or Bastien et le bailli, son protecteur, sont fort peureux, et le moulin de Laurette a la réputation d'être hanté par des revenants. En effet, voilà qu'au beau milieu de la nuit, pendant que Bastien cause avec Laurette, il arrive mille drôleries qui mettent le gaillard dans des transes affreuses. Ce revenant n'est autre que Marcellin lui-même; il a été mal noyé, et il revient pour réclamer la main de sa Laurette.

Cette pièce se fait pardonner son antiquité par la franchise de son allure et par la gaîté de quelques détails. Quant à la musique, elle est d'une facilité par trop sans gêne. M. Adam écrit ces choses-là comme il écrit un feuilleton, au courant de sa plume, en laissant glisser négligemment sur le papier tout ce qui lui passe par la tête; il s'y trouve quelquefois par hasard de jolies choses comme le duo : *C'est le vent;* mais en général la nouveauté, l'originalité, sont fort rares. Cela s'écoute comme cela a été écrit, au courant de l'oreille, en devisant de choses et d'autres avec ses voisins. Bussine chante l'air de Marcelin de cette voix franche et bien timbrée, avec ce style large et puissant qui font de lui un artiste de premier ordre, le meilleur baryton, à coup sûr, qu'il y ait aujourd'hui à Paris.

L'autre souvenir s'appelle *Madelon*; il est en deux actes et porte les signatures de MM. Sauvage et François Bazin. Vous n'êtes pas non plus sans avoir entendu parler de quelque chose d'analogue. Un certain Arthur, du dix-septième siècle, a juré haine aux femmes, particulièrement à une certaine Marie qu'il a aimée dans son enfance et contre laquelle il a eu un procès à propos d'une succession. Le procès perdu, notre Arthur, qui est officier, s'en retourne à l'armée; mais, avant son départ, il passe quelques heures dans une auberge, à l'enseigne des *Barreaux-Verts*, tenue par une certaine Madelon. L'hôtesse est avenante, distinguée, elle chante à ravir, et voilà notre officier bourru qui en devient amoureux à perdre la raison, à ce point qu'il se décide à rompre pour elle son vœu de célibat. Or, Madelon est tout bonnement la demoiselle Marie, qui s'est déguisée pour séduire son charmant ennemi. A cette histoire se mêlent, on ne sait trop pourquoi, un baron ruiné et prétentieux, sorte de pa-

rodie de César de Bazan, une dame Malpart, et un garçon grotesquement cocasse sous les traits de Sainte-Foy. Tout cela n'est pas bien méchant, vous le voyez, et l'intérêt que peut exciter une situation dramatique de cette force n'a pas de quoi effrayer les cœurs sensibles.

La partition de M. Bazin est proprement et studieusement écrite; on sent d'un bout à l'autre l'homme qui sait son ortographe et sa syntaxe musicales. Mais chacun de ces morceaux si bien faits semble manquer de plan, d'idée principale. les phrases, généralement très courtes, ne se tiennent entre elles par aucun lien logique. C'est de la marqueterie dans laquelle chaque petite pièce a sa valeur individuelle, mais qu'on croirait juxtà posées au hasard, tant les tons se heurtent, tant les nuances et les formes se marient malheureusement. Citons néanmoins des couplets d'un effet piquant, dits par Sainte-Foy au second acte, et qui ont été bissés; louons encore le duo dit par

Aux Variétés, nous trouvons un revers de médaille; le *Château de Coetaven*, c'est le titre du revers, est une erreur de MM. Galoppe d'Onquaire et Besselièvre; la seule excuse qu'ils puissent donner, c'est qu'ils ont eu l'intention de faire un livret d'opéra-comique; or, on sait quelles sont les franchises de ces sortes d'ouvrages. Quant à la face de la médaille, elle est resplendissante; parlez-nous de cela, à la bonne heure *Un Monsieur qui prend la mouche*, c'est ainsi que s'appelle la pièce de MM. Marc-Michel et Labiche. Ce monsieur, c'est Arnal, Arnal, ce comédien si profond, qui personnifie si complètement un caractère, quand les auteurs mettent véritablement un caractère dans la pièce qu'ils lui confient. Arnal vient de faire là une de ses meilleures, de ses plus hautement comiques créations. Allez voir ce Beaudéduit qui se fâche à propos de tout et à propos de rien, contre l'avocat qui lui fait gagner son procès, contre le futur beau-frère qui veut lui donner une dot, contre les gens qui lui paraissent trop calmes et contre ceux qui ne le trouvent pas affable et bon enfant. Arnal est merveilleusement secondé par Leclère, le meilleur père-ganache que nous connaissions à Paris, et par mademoiselle Virginie Duclay, très piquante dans le petit rôle de Cécile.

Julien LEMER.

Typographie BUREAU et C° 14, rue Gaillon.

L'Élégant.
Journal des Tailleurs
On s'abonne à la Direction du Bon Ton rue Ste Anne 64.
Modes pour Longchamps.
Costumes de Laurent Richard, 20 boulᵈ des Italiens.
Draperies et Nouveautés de Dubois jeune, r. Sᵗ Martin, 333. Chapeaux de Faral, rue Grammont, 30.
Parfumeries de la Société Hygiénique, rue J. J. Rousseau, 5.

Etats Unis à New-York Th. N. Dale and Cᵒ 67 Liberty Street.   à Amsterdam chez Diederichs frères Editeurs.   Für ganz Deutschland bei C. H. Müller in Aachen.